《第一章》

如果有那麼一個前世今生

緣起

遠古時候，在遙遠的宇宙深處，有一顆跟地球差不多大的星球：沒有白天，只有黑夜；沒有飲水，只有少量植物，整座星球諾大的土地上，只有一小塊的城鎮，可供當地居民居住以及生活著。

城裡的居民們為了生活，發明了各式各樣照明的科技，讓整座城市看起來美麗繁華；為了生存，彼此間只有鬥爭：爭奪那少量植物作為食物、殺戮以飲用對方身上的血液代替飲水。

這座城鎮稱為「不魘城」。在此的居民都曾是人間地球上輕視生命的自殺者、對神無信仰的無知者，他們沒有希望、沒有信仰、沒有自我意識的在這個極苦之地生活著。

有一天，神的使者帶來了一批新的居民，其中一位因自殺而被送到此地的新居民，他於此城鎮發明了「火」，火元素不只照亮了不魘城，也給城裡帶來了光明，更帶給了城裡的人新的啟示、新的領悟、新的想法、新的信仰、新的希望。

然而，他懷抱著希望能幫助不魘城裡的居民脫離這個極苦之地，無奈城裡的人都是帶罪者，任憑火如何的燃燒照亮，始終無法幫助任何一個居民離開不魘城。

又過了很久很久的時間，神的使者再度護送一批新的移民來到了不魘城，火元素跪求使者，祈求城裡的人能夠獲得重生。

使者：「你要如何解救他人？」

他：「我願以無生救有生。」（註1）

使者：「只有不斷的釋放自己的能量，才能給予需要能量的人，為了救贖他們，你願意擁有無止境的能量嗎？」

他：「我願意。」（註2）

註1：無生：無形的生命，永世，即永世的生命力—靈魂；有生：這輩子有形的生命。

註2：奉獻皆從犧牲開始。

慧根深植

羅奇，本名陳嘉華，生於一九七九年，祖業務農，家族在宜蘭一帶，兄弟姊妹五人，為家中么子。

自幼體溫異於常人，終日高燒不退，須每日浸泡於藥缸中以減緩高熱，夜晚亦無法平躺入睡，需大人擁抱方能入夢，家人遍尋名醫均無法根治，到國小二年級後此一特異病情即不藥而癒，至今仍未再犯。幼時，即不食肉且愛跟「小動物」以及「昆蟲」玩耍。有次，家人無意中將家中的螞蟻殺死，羅奇卻因此難過，請求他的家人，不可以殺害牠們，即使牠們只是小昆蟲。當時，羅奇的父母親只覺得這孩子竟如此的善良，小小的年紀就有著這樣的純真與想法，每天於餐桌上總是吃青菜，每次食肉後，半夜總是上吐下瀉。嚴重時，甚至必須至醫院掛急診。當時，羅奇的家人在找不到原因的情況下，帶著他尋求當地的算命師。算命師發現羅奇的雙手皆為「斷掌」，告知其命格不是大好就是大壞，其餘皆是天機不可多說。經過一些時日之後，羅奇的家人，也因此於每餐多煮清淡菜色，接受這孩子異於常人的體質。

◆ 羅奇於此溪中撿到琉璃觀音像。

◆ 羅奇自小生長之處。

◆ 開啟羅奇研讀心經之處一圓明寺。

◆ 圓明寺一角。

與「無因菩薩」初結緣

約莫九歲或十歲時，羅奇獨自一人至家中前的小溪玩耍，在溪裡挖到如手掌高度的「琉璃觀音像」。孩提時的他，不知道甚麼是「觀音」，卻莫名的珍視這尊「觀音像」。當天晚上即夢見菩薩，也就是現今我們所供奉的「無因菩薩」。「無因菩薩」在夢裡對他說的第一句話：「只要你相信我，我就能救眾生」。此後到十七、八歲時，每晚皆會夢到同一夢境：在無因菩薩的引領之中穿過一片竹林，黃昏下，在藍色沙子的海灘，用折下的竹枝接受無因菩薩的教導，學習著世人看來奇怪的文字符號、語言、知識，一直到高二時，羅奇都認為，世上每個人都看的到他所看見的一切。

每逢週六日，總是自發性的前往宜蘭的圓明寺，幫忙清掃寺廟，周遭鄰居的小朋友也受其影響，跟著前往幫忙，甚至是一同「吃素」。當時，滿運師父知道了這件事，覺得這位特別的小朋友深有佛緣，於是常讓羅奇聆聽師父講解佛理。更因為這樣的機緣，羅奇在童年時就深研「心經」，「心經」可說是他第一本研究的經典。

悟道之始

直至十七、八歲時，連續幾天的夜晚，無因菩薩不再入羅奇的夢中。當時的他，不懂「無因菩薩」為甚麼不再入夢教導他。於是，開始展開了自我學習的新旅程，同時，也談了一段刻骨銘心的戀情。二十二歲那年，他的摯愛及摯友離去，連最疼愛他的爺爺也離去。這四年的生活，讓羅奇嚐到了人世間的苦與樂，了解紅塵俗世的人生百態與人們的需求。

渡人之路啟航

隔年，羅奇又再度遇到了無因菩薩。無因菩薩說：「你必須找人、找場地，救贖生者之靈、亡者之魂。」接著說：「你必須跟你眼前的至交結伴同行，與他共創」。羅奇問：「該如何開口？」無因菩薩說：「跟著我的人便會相信你，你儘管開口。而相信你的人，我將救贖他，我會圓他一個夢，而讓他與你一起同行。」開啟了日後，羅奇的渡人之路。

歷經十年，羅奇成為「緣真教」的創始人，繼續為著眾生而努力。

◆ 二〇〇八年舉辦的年度茶會，羅奇以風趣俏皮的談話讓與會者以輕鬆愉快的心情瞭解如何信仰。

◆ 二〇一〇年菩薩聖辰前夕，羅奇仔細的檢查、詢問每一項細節。

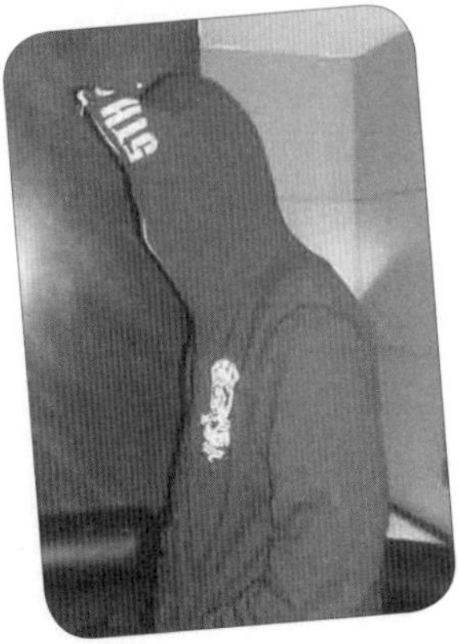
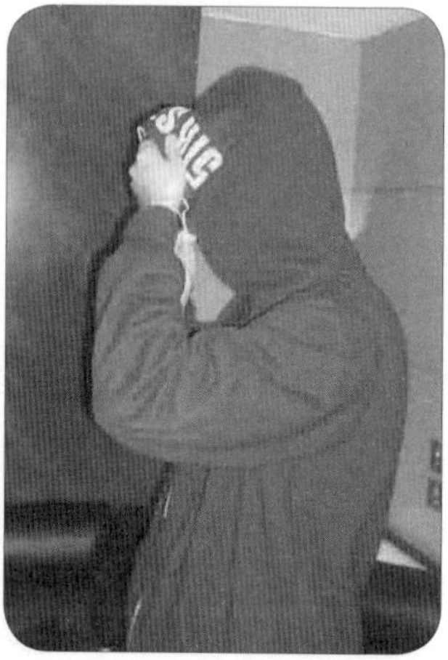

◆ 私底下的羅奇，就像個男孩一樣純真。

《第二章》

走過十年　緣真教萌芽

聽見聲音

「這個社團成立的主要目的，在於探討並且深究肉體死亡後，附屬在我們靈魂的思考，將往何處去？而這才是真正的未來路途。以及在我們還沒面臨死亡之前，生存於當今的人世間，我們該如何安排自己此生的命運，一個人走在茫無頭緒的人間途徑中，除了親人的陪伴以及成長過程中朋友的相隨，你甘願孤獨的存活於世間幾十年而不在乎未來嗎？」

「我們知道你很勇敢，面對幾十年的風浪，甚至嚐盡人情冷暖，也許你的心因此而封閉過，也許你已經習慣眼前一切的生活，對於你的人生，我們保持一種尊重的態度，希望你也跟我們一樣，重視自己的靈魂，讓祂呼吸、讓祂自由，並且賦予祂生命的原動力，等祂的意識甦醒過來，就明白我們是一體的。」

「緣真教」的宗旨，在於促進所有人種和靈魂彼此間的敬重，以瞭解存在的另一個空間以及靈魂能量之互長互重。

希望藉由「緣真教」的經典、活動、研究、出版等等，呈現出每個人獨特的力量，增進每個靈魂對無形存在的認識，同時表現每個靈魂力量的獨特之處。尊重每一不同學說，以及各傳統皆視如珍寶的精神，並希冀它們與不同的文化和世代互動時，能夠更深入地了解這些無價的訓示，每個人的生活成長過程中，將可從各靈魂的表現、特色裡，拓展他們個人能量或經驗。

希望經由本教，不同靈魂信仰的人們能夠一同努力提昇自己。

每一個人都賦有與生俱來的能力，來幫助別人以及解決自己所面臨到的任何困難與問題。只因為先天的環境與後天的人群，不斷的讓你失去了自己，「原本的自我」。因此，而成立一個地方，集合一群志同道合的朋友，真誠的期望能面對真實自己的朋友，能一同參與！

這裡不僅是一個宗教團體，而是能透過此，創造出另一個同歸的天地，一個許自己未來靈魂歸屬的世界，一份真誠的感動。

我們不對任何信仰做推翻。有著獨特的宗旨：期望每個人重視靈魂與靈魂生活，提供資訊和指導性經驗，一同探討與分享認知各靈魂間有相似處，也有差異性，並以此討論分享為根基，「集思廣益」。

因為，這個世界上並不僅有眼睛所能看到的事物存在著，更有肉眼所不可遇見之存在。

中國人注重的輪迴就是一例，尊重各宗教不同學說，以及珍重各種傳統，希望在不同的文化及世代有所接觸的情況下，能夠明白這些學說及傳統背後的意義以教化人心。

萌芽

羅奇於二〇〇二年秉持著「有效的分配不同靈魂至適合的領域」此理念，於「宜蘭」成立了「RGF信仰團體」。此理念的用意，在於每個靈魂有不同的修行方式，因此讓屬性相似的人們聚集，因材施教，方便教化，才能夠感化更多的眾生，並且吸引更多眾生共同渡化，使其靈性更為成長。同年八月份，越來越多的信眾希望能更方便聆聽到神的真理，建議羅奇移至台北，以期能渡化更多眾生，於是決定正式移居「台北永和」。

二〇〇三年時，應永和「宗教博物館」漢館長之邀，協辦「神財飛羊」新春活動神秘魔法學園。這是「RGF信仰團體」首次參與公益活動，同時也是信眾參與渡人志業的開始。

二〇〇七年9月，羅奇發現當時場地的空間，無法負荷信徒前來參拜，為了讓世人能聆聽到神的教誨，及容納更多的眾生前往參拜。因此需要更大的場地，於是開始規劃「無因會館」的統籌。展開了首次的「百人募款活動」及「百人百日齋戒活動」。同年11月「無因會館」成立，11月3日為「無因菩薩」金身正式立於「無因會館」之日，故將此日訂為「無因菩薩」誕辰日。

隔年，於「宗教博物館」舉辦「RGF茶會活動」，演講主題為「我們的信仰—緣真教」，介紹「無因菩薩」的淵源，「緣真教」也在這天正式立名立教，並闡述其基本教義，得到信眾熱烈迴響。當天參加信眾數百人，「無因殿堂募款活動」也正式啟航。

羅奇有感於現今的年輕人想藉由信仰宗教，尋求心靈的救贖，卻因為害怕同儕的眼光，而不敢拿香供奉神。於二〇〇九年時，將一般祭祀用的香品改為具有天然香味的線香，讓年輕人對於「信仰」以及「供奉神明」更容易接受。這也是「緣真教」志工推廣的「香奉」由來。

「緣真教」的宗教儀規，也於同年十一月正式奠定。

歷經多年募款與各方信徒的協助，「緣真寺」正式於二〇一一年落成。

緣真教教規

一、尊師重道；父母恩高。　二、茹素養生；萬靈同仁。

三、持法讀經；虔心念咒。　四、心存善念；日行為善。

五、賢才集聚；集思廣益。　六、正本清源；誠信歸依。

七、不可貪婪；不可淫盜。　八、正信為首；正聽為輔。

九、知罪有悔；懺悔改過。　十、萬法皆悉；天下之和。

《第三章》

祂來了　祂是這麼跟我說著的

曾經遺失，長時間被埋沒著，又再度被提起——慈悲之神，便為本教所供奉之——無因菩薩

從小到現在，我所信奉的神者，那位令我由心仰望崇拜慈悲的主神，至二〇〇八年，因廣結信眾為此必須擴增場地，讓每位受難者前來救贖，這就是我們開創的本意，濟世救人的真諦，使苦難得以救贖，所以需要一塊場地，受難者逐年增加，場地也因此必須擴大，也因為獲得神的幫助的人，信徒日積月累長年獲福、祈願完夢，參與者自然的也更加相信並感受神恩浩大。於是，靈性學子們開始「集思廣義」，我們希望每個接觸神者，都明白神在過去所發生為受難者付出的歷史，並讓未來祈願的人感受到真相與明白真理。所以我們決定推廣當初於人間最原始或曾經供奉過祂的受難者、團體、宗教。於是我們得到答案為：起源於西元前七世紀，古老的印度。

當時印度當地爆發了群體性大疾病，人們痛苦不堪，民不聊生，就在那一刻，遠處山林中，有個碑文寫著印度文「भाग्य सच」（緣真），若反過來念

「ਸਚ ਭਾਗਯ」（真正的命運），而正盤坐於此的一位修行苦僧，法號：上「無」下「因」，苦行僧，苦行僧（Sadu）是古印度時期盛行的修練方式，苦行僧蓬頭垢面、衣衫襤褸，帶著象徵慈悲的百蓮竹藤杖，邊走邊吟誦古經文。當日苦行僧下山，見一位受難者忍受劇烈的痛苦，於是跟隨苦行僧修行的二匹馬，向前用馬蹄輕輕觸碰，躺於苦行僧面前地上的受難者，受難者突然大病全癒，立刻跪於苦行僧前，祈求解救更多受難的百姓，見了人們的苦痛，於心不忍，慈悲的心，便跟隨著雙馬，行使神蹟．使病者復元，枯萎的樹開出了花朵，無法生育的婦女產下孩子，身體有殘缺的人得以健全，由於人們深感苦行僧以及二匹馬之幫助解救苦難，在當時受到非常之崇敬，亦產生巨大深遠的影響。

苦行僧「無因大士」幫助了無數的眾生，而當地就立起了教派，記載當時，苦行僧這麼跟受祂幫助的人們說：「神，是創造靈魂的宇宙之主，祂賦予了任何動物以及人類生命，也給予了靈魂自主性的思考，使有生命的個體，能夠運用智慧並加以思考，用來創造出一個足以生存的世界。神，將祂所創造出來靈魂的過程，記錄在經典的書籍中，書內記載著，祂將靈魂規範的標準與方向，用來明確指導，靈魂個體該如何維護一個平衡，不受外力因素影響，另記載著靈魂的歸宿法則（有效的分配不同靈魂體質至各適合的領域）。」

「有效的分配不同靈魂體質至各適合的領域」意指每個靈魂有不同的修行方式，因此讓屬性相似的人們聚集，方便教化，因材施教，才能夠讓更多的眾生感化並且吸引更多的眾生，共同渡化，不同屬性的人們，有其對應適合的方式學習感受，方便學習其法門。

今天，由於社會呈現出種種亂象，在這混亂的時局裡，感念當初在西元前七世紀，苦行僧及其隨同修行之雙馬拯救印度人們的慈悲者，如此大慈悲之舉，於是決定開始供奉此神為本教之主神，並期望透過無因大士菩薩的保祐，使得現今社會人人都能健康平安，讓有緣之人接觸祂的存在，以改善自身之困苦。

羅奇因緣相際數十年餘，我明白著，人們應該飲水思源的道理，於是，我將真相實情告知世人，讓人們知道，曾經有供奉過這位慈悲神的人們，其實是存在的，現今我們所成立的「緣真教」，在我領導之下，堅信信念：「每一個人都賦有與生俱來的能力，來幫助別人以及解決自己所面臨到的任何困難與問題。只因為先天的環境與後天的人群，不斷的讓你失去了自己，「善良的本性」。因此，而成立一個地方，集合一群志同道合的朋友，只要真誠的期望能面對真實自己的朋友，能一同參與！這裡不只是一個宗教，亦不只是一個機構或團體，而是一個一起歸往未來的真實靈性歸宿，如今，許給自己靈魂一個新願望（試圖種下善因而後必得善果，此願望為：救贖自我）。」

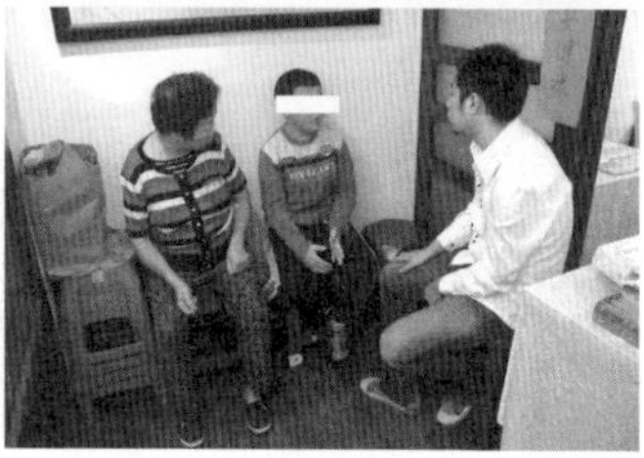

◆ 不論男女老少，不論你來自何方，只要你願意給自己一個機會，開口求助，羅奇都平等對待，認真的聽你說，仔細的幫你分析，細心的為你解惑。

《第四章》

羅奇語錄

神給的五個禮物——選擇、智慧、聲音、光陰及共存

第一個禮物——選擇

人的一生中，永遠有無數的「選擇」。但是，「選擇」卻是神給予人們最公平的禮物。因為，你可以不斷的再做「選擇」。這意味著「選擇」的機會不只有一次。然而，「選擇」之後，你的生命要不要前進，也是自己的選擇。而這裡倡導「靈魂有自主權」，可以讓你選擇死後要往何方，並非一般宗教所述的輪迴定律。許多宗教都認為只要學習「超脫」，就能夠擺脫輪迴的牽制，但事實並非如此。

第二個禮物—智慧

也就是「見解度」，又稱之為「分辨」或「明辨」。增長「智慧」的人，能夠為自己的生命加分，接觸的人越多，越能夠增加自己分辨對與錯的能力。

這也是許多的宗教，為什麼總告訴我們要「普渡」眾生。但是，這並不是代表多幫助一個人，就能夠為自己的靈魂增加功德。坊間常說的積德，一般人分為「陰德」與「陽德」，常說默默行善積陰德，神會看見你所做的，但在這我要打破你的觀念，我們所做的功德（陽德），應該詳實記錄在簿冊上，因為如此神才會看見，你所做的部分，而陰德的部分，只是後人所撰述，並沒有所謂的「陰德」，一個不同以往所認知的觀念：「功德是可以被量化」。

生命中的功與過，先暫且以正負分來闡述。意即，功等於正分，過等於負分。正分是宇宙之神所給予的。負分是你們所跟隨的人所給予的。它可以幫助你們未來在遭遇人事物命運的牽掛，具有導正的作用。而多接觸一個人，便能夠增加一種分辨方式。當然，你也能夠在接觸一個人的時候，「選擇」是否要幫助那個人。

第三個禮物—聲音

我說，你也可以說。神給予你聲音的那一刻開始，就不會制止你去傳達你的聲音，也不會去審判你傳達出來的言論，因為聲音可以自由的在靈魂個體間穿梭與表達。「聲音」這個禮物，是為了讓人明白道理，當然，你也可以「選擇」是否要傳達真理的信念。

第四個禮物—光陰

也就是無止盡的時間，及不生不滅的靈體。同時，也必須說這個禮物是最殘忍的。很多人認為許多事情，只要等進了棺材就能夠解決，這是錯誤的。因為神給了你，無止盡的時間，所有的事物都無法超脫。同時，靈魂的知識生生世世都存在，並不會隨著肉體的死亡而消失。

一定有人疑惑，既然靈魂的知識，生生世世都無法消失，那麼為什麼現在的我們，對於所謂的前世都毫無印象。在此，先將前世稱為「曾經的知識以及記憶」，那是因為人的腦容量有限，所以對於生成肉體前的記憶會遺忘，但當死亡恢復為靈體後，便會恢復所有的記憶。

第五個禮物—共存

「共存」是最後一個禮物，最大的特點是「與靈體同修」便可接近神，也就是找回你的根脈。應該會有很多人疑惑何謂「與靈體同修」？所謂的「與靈體同修」其意即為，人和人一起修行，不可人與動物一起修行。

在這個禮物裡，還有幾個很大的特點：

一、如果沒有跟著神指派的人學習，那麼將會花費此生的時間，尋找到一位被神指派的人。

二、如果你沒有信仰，那麼你這一生所做的一切都是白費。

三、也就是一開始提過的，「與靈體同修」是要人們不可盲目於自我修行，因為「同類靈修者才能接近神」。

四、如果到死都沒有信仰，那麼就會重頭來過。但是，並不如其它宗教所說，人死後都會淪為畜道，反而仍舊是以人的形態回到人間。

第五個特點，則是神不會讓你找不到信仰，祂會讓你在生命的旅程中，遇到許多「門道」，也就是許許多多不同的宗教。

這五個禮物息息相關，環環相扣。沒有人可以擺脫神給予的五個禮物。卻也可以因為這五個禮物，進而提升靈魂的知識，讓靈魂到達更高層的地方。

靈性的節奏

想選擇屬於自己方式生活時，
這條路是寂寞的
越寂寞的人越受注目
因光鮮亮麗色彩不失真
顧好自己讓它看見色彩
勿因一個人而失真
失真就是怯步、擔心時
任何情況下不受別人影響而刻意改變自己
對自己修為的提高並不影響別人對你的印象
你烙印下的印象是抹滅不掉的
這將在修行道路上留下

靈性導師

每一個選擇都會有結果，
而結果的好與壞，
都在於最初的「選擇」。

靈性導師

人生每個階段，充斥著每種不同的選擇。有的還在做選擇，有的選擇正在進行中，有的則是在承受選擇後的結果。這也是常說的有因就有果。

或許快樂，或許後悔，或許自責。這一切，都在最初我們開始想選擇的時刻，如何評估，如何考量；但是，比不上問問自己的心，這樣的選擇，會不會讓心有不好的感受？是否泯滅心發出的訊息呢？

靈性學子

> 因為靈魂有自主性，當靈魂選擇不被幫忙時，亦無神能幫。
>
> 靈性導師

每個人，都有自己的想法、習慣、思考，同樣一件事，每個人看的角度、接受的程度就很不同，就如諺語：一樣米養百樣人，很多時候，我們誠心伸出援手，對方拒絕了，這是對方的選擇，尊重他的選擇，也不要因此而否定自己。

有一個人，住在一個很偏遠的郊區，颱風來了，村長大老遠跑去通知他離開，他堅持留下，他說：我的神會救我。當水淹到了半個人高時，來了一艘救生艇，他拒絕登上救生艇，他說：我的神會救我。當水淹到了屋頂高時，來了一台直昇機，他拒絕登上直昇機，他說：我的神會救我。最後，他被洪水沖走了。

當他的靈魂來到神的面前時，他問神：為什麼祢不救我？

神回答他：我派了3個人去救你，你都拒絕了。

其實，生活中在很多看不到的地方，都是受到神的庇佑與幫助的，但往往因為太執著、太堅持己見而拒絕了對方的好意，當悔恨時，為時已晚。

靈性學子

公私分明路好走，私心過重人偏頗。
心如磐石往前進，珍惜光明在眼前。

靈性導師

凡事如果私心過重，常常會影響想法與判斷力，進而造成偏頗，只要是正確的事情，就必須不被影響，心意堅定往正確道路前行，珍惜眼前一切事物。

日常生活中，不管是工作或是家庭生活，常常會因個人喜惡而偏執一方或者假公濟私，公私不分，父母教小孩常因溺愛或用比較法教孩子，常常忘記堅定正確信念往正確的路走，珍惜當下擁有的一切，幸福人生盡在眼前。

真理故事告訴我們任何一個人、一件事、一個物品，總有其依循之法與信念在，貪婪與私慾會影響我們的想法與決策，只要堅持正確的信念，公私分明不偏不倚，心意堅定往前走，眼前路自然平順，珍惜已擁有的一切，這就像我們選擇宗教一樣，慈悲的神，享受神滿滿的恩澤，選擇正確，愛我所選、選我所愛、珍惜所有。

靈性學子

自在是指，讓自己舒服也讓對方快樂。
不因自己的自在，而影響他人的快樂。
讓每一個人都有權利，來接觸他靈魂未來的道路。

靈性導師

當自己輕鬆時，不刻意帶著目的性跟人相處，自然會吸引其他人靠近。

記得自己剛開始接觸到羅奇時，還無法很具體的跟人分享到底他幫助了我什麼，可是憑著一股熱情「他一定可以幫助你的。」，這樣的念頭，自然地跟身邊友人們分享，且帶他們來跟羅奇諮詢。

而經過一段時間，在自己當上靈性學子後，每每熱心的跟朋友分享，對方只要反駁、嘲笑或鄙視，心裡會想「你為什麼不相信？」、「我這樣做有什麼意思？」、「我只是跟你分享，有必要這樣對我嗎？」，在這樣的心境下，在引介朋友接觸這裡時，就變得有點心虛。

那心虛是因為自己知道自己幫人的心好像不再那麼純粹，而在這麼彆扭的過程，由心往外顯示的行為就顯得有些膽怯，這樣的膽怯也會影響到帶來的朋友，可能因為他們隨口一問的問題而開始懷疑自己，不確定的心是會感染到他們的。

慢慢地開始明白，神知道我們都有顆想幫助人的心，祂賜與我們更多與人接觸的機會，我們是條路，讓周邊的朋友去接觸神，讓他們自己去開啟接近神的門，不需要逼迫別人開啟。讓自己的心處在自在的狀態，隨時都可以分享真理，分享有神的幸福，分享真正的神不會教導你貪。告訴他們正確的信仰，真正的神是如何的慈悲。

看著接近這裡的友人們生活逐漸美好，才了解到我們的堅持，當有人迷失而想回頭時，我們還可以幫助他們回歸到該走的路。

自在的人是因為清楚自己的角色定位，大多人在面對社會所認為的成就時，會放棄自己內在真正嚮往的聲音。靈魂是自主的，都有自己選擇的權利，而我們在遇到他們時，有沒有告訴他們，有另一條道路可以改善你的未來，讓他們多一份替自己靈魂歸屬的選擇呢？

靈性學子

> 每每今朝盼昨夕，船兒何苦靠他岸。
> 一盞明燈指路引，記得今朝忘昨夕。
>
> 靈性導師

跟著羅奇的指引活在當下，珍惜每一個現在。不再每天回頭望著過去的種種，活在過去的回憶裡。

一個婚姻美滿的家庭，丈夫在工作上是個出色的上司，在家是一個好丈夫、好爸爸，妻子是一位稱職的家庭主婦，將家中的人照顧的無微不至。未料，在偶然的情況下，丈夫與妻子的表妹外遇，他發覺這十年的婚姻裡，自己過的雖然平順但並不快樂，與妻子相處時，常常腦裡想的都是她的表妹，動不動就會對妻子失去耐心，在內心百般掙扎和抗衡過後，決定要跟妻子坦承他的外遇，並且離開她去追求他的青春快樂。

友人發現他的轉變時，不斷的提醒並警告，希望他能夠清醒並回頭，忘掉不切實際的外遇，但他忽略了跟妻子相處的這些日子裡，是她對家人的照顧才讓他可以無後顧之憂。他毅然決然的離開了妻子。

後來，妻子在朋友們的支持下，決定為自己的人生展開新的旅程，忘掉過去、忘記傷痛，為自己也為了孩子而活。

在一次偶然的巧遇，妻子的轉變及神采奕奕的光芒，讓丈夫後悔當時沒有適時的離開外遇的對象，錯過了他原本幸福的婚姻。

生活中，我們會遇到許許多多的誘惑，無論是物質還是情感。每一次的誘惑，都會使我們付出代價去明白更多的道理。當你犯錯了，就要去改過，而不是繼續在錯誤裡打轉。就像神賜給了我們一條路，幫助我們走向正確的信仰道路，教導我們不受物質所苦，並且透過我們去引薦那些迷途的人認識神，為他們自身及週遭的人，感受到神的恩澤不再迷惘、無助。

靈性學子

靈性的啟蒙

每一個人　都擁有他　專屬的智慧
而　這　智慧　也透過　自身的歷練　有所成長與拓展
好的智語　可以悟性
好的慧根　可以明心
自身要管理好自己的　專屬建造出來的智慧
才能充份的活用
效法好的智慧　我們稱之為　聖賢
效法好的聖賢　我們稱之為　智者
所以
我們一定要做一個　有智慧的領導者

靈性導師

智慧會在甚麼時候出現？
悔恨之後而放下的心，那一刻的「領悟」才是真智慧。

靈性導師

懊悔自己所犯下的過錯，誠心誠意地懺悔，那是智慧出現的時刻；在你決定誠實面對過錯那一刻的「理解、明白」，那是真正獲得的智慧。

日常生活中常發生讓人懊悔的事情，例如感情事，因衝動而做出不適當之事，心生懊悔甚至自責不已。無論是哪一方，唯有真心檢討，放下悔恨，面對自己的那一刻，才是真成長。同時，也是智慧的一種展現。

靈性學子

智慧的使用方式

言而不言，語而不語，聽而不聽，說而不說，乃大智慧者。

靈性導師

有智慧的人，會知道何時該說話，及聽到話而不說，聽到不該聽到的話時，就當作沒聽到，有時看場合別人示意你說話，卻又不說。因應各種場合，選擇做出適當的表達，就端看如何使用你的智慧。

曾經，有對恩愛夫妻，剛結婚時，兩人憑藉著婚前的一點小積蓄開了間店舖，努力的為了未來打拼。幾年後，從一個巷子裡的小店面變成擁有一個在大馬路邊金三角的黃金店面。

事業的成功，並沒有讓男人更珍惜目前所擁有的幸福，男人相信流言，認為妻子不斷的金援娘家的兄弟姐妹；男人相信了傳言，將大量的金錢投注在股市期貨；如此多的聲音、說法，男人卻不曾去查尋背後的真相。

當男人因為投資失利，四處尋求金援未果，當初的朋友也了無蹤影，他來到了妻子的娘家，訝異這多年來，妻子的娘家依然老舊，她的兄弟姐妹依然靠著自己的雙手，辛勤的工作著。他在河堤邊，看到了陪著中風的岳父散步的妻子，倆人找了一間咖啡廳，用紙筆對談著。男人懊悔自己的無知，在眾目睽睽之下，他跪下來祈求原諒。

現在，倆人比當初新婚時更加的甜蜜。

當初那些流言，女人不是未曾聽過，但她用慈悲的心包容著男人，她沒有去爭辯、反駁，只做自己該做的：維持真相。

知道那些話聽到，不能講。或是不要在不對的時機開口，結果換來別人對自己的誤解。這真的需要時間來學習，來讓自己變得圓融。才不會招致別人誤會，也培養自己的智慧。俗話說得好：做中學；學中做。就讓自己去經歷一些事，又能學到更多東西，何樂而不為呢？

靈性學子

把不好的事情阻隔在外，不叫智慧。
只有把不好的事情轉換成資源的，才是大智慧。
把不好的事情阻隔在外，那叫做逃避。能面對錯誤的人，才能增長智慧。

靈性導師

無論是感情或工作，遇到不順心或是不好的事情，人們的下意識裡，第一個動作往往是逃避。然而好與不好，兩者的定義，皆在人們怎麼去看待。好與不好，沒有很明確的界線，唯一的限制，存在於自己的心念。

面對不好的事情的過程中，產生的體驗能夠累積成自己的經驗。經驗多了，會逐漸堆疊成智慧，智慧就這樣從生活中精粹出。便能從生活中，精鍊出智慧。

如此一來，再次遇到不好的事情時，不好的事情會因為智慧的增長，轉化成好的事情。再次遭遇時，你將不害怕，輕鬆地清楚知道如何應對是合宜的。

靈性學子

求知是明辨，也是智慧的開始。

靈性導師

如果，一個人能清楚明白自己的行為是為何而做，表示他具有相當的分辨能力，及有智慧做自己所選擇的事。

這世界上誘惑太多，不是每個人都能明白和分辨自己想要的是什麼，當你能有所選擇，智慧也就此顯現出來了。當你有了智慧，就能夠減少做出錯誤的選擇，也不會讓自己產生犯錯的可能。

靈性學子

任何一件小小的事情，
都會引發意想不到的訊息，進而累積智慧。

靈性導師

生活中發生的事物，無論是多麼渺小，多麼的微不足道，其背後都隱藏著涵義，當這些涵義顯現於外揭露時，如果能從中得到省思與改善，將帶來意想不到的收穫而增長智慧。

自從將年邁的母親接來同住以後，因家裡人口簡單，母親又熱愛烹飪，冰箱裡的食材常常堆積如山，苦勸母親食物要保持新鮮對身體才有益處。母親充耳不聞，許多不宜久放的食材常常同時出現，為了這個問題煩惱許久。

有一次又為了相同的問題與母親起了爭執，便約了朋友一起去看電影散心，很巧合的，電影中的一個橋段與家裡發生的情形雷同，電影裡的母親對女兒說：「冰箱塞滿的食物會讓我有安全感，妳別管太多。」簡短的一句話，讓我頓悟，原來，我的母親也是安全感作祟。

於是，我明白了，自此，就隨母親的意思，不再插手干預冰箱的食物，直到有一天，因為冰箱裡其中一樣食材發霉未發現而造成更多的食材發霉，當天下班回家與母親一起清理冰箱時，清理著每一樣發霉的食材，邊讚美母親的廚藝，細數著她曾為我做的每一道菜是如何美味，可惜這些食材都發霉不能用了，母親才省悟而開始自我修正！

生活中經常發生一些看似微不足道的小事，冰箱堆滿食材竟也帶來如此大的涵義，電影裡一句簡單的對白，讓我明白自己的錯誤，進而修正自己看法，母親也因為食材浪費了而有所改善，真是一舉數得。

靈性學子

有智慧的人採取別人的智慧，藉由更多歷練明白事理。

靈性導師

從別人的經驗中學習，藉由自己的人生歷練明白事理。

從小就比較安靜的我，常常看著一些人，可以輕鬆有效完成一件事，而有些人卻將自己的生活搞得一蹋糊塗，事事難成。長大後，接觸第一份工作時，常常也是在自己跌跌撞撞的經驗中成長智慧，並學習更有效的方法，但過程中需要付出更多的時間與代價。有一次，職場訓練中，一位資深經理說要有效且省時的學習方式，就是從別人經驗中學習，將其消化領悟後研擬一套屬於自己的經驗風格，可以節省很多無效率的人生歷程，加速成就自我的時間。

經驗是可以學習的，也可以模仿，但重要的是如何採取別人的智慧，消化吸收後加上自己的不同人生歷練明白事理來成就自己，才是最重要而有意義的人生歷練與人生價值。

靈性學子

杜絕來意不善的言語，才會燃起幫助他人的心

靈性導師

每個人的生活，總說著許多話，有意義的和無意義的。也許自己並沒有存心，去傷害他人的意思。但有時，說者無心，聽者有意，造成了許多誤會，這樣的例子隨處可見。

因為內心脆弱，才會受到傷害，才會學去分辨話中的真假。只有完全相信，才不會影響到自己的信念，才可以好好的去幫助他人。

別懷疑神，才能堅行真理。

靈性學子

福禍皆因種子起，知錯，能當下停止錯誤，乃大智慧。

靈性導師

自古有云：種善因得善果。一切事物的結果，好與壞都跟一開始所做的決定、想法有關。有了錯誤的想法或是進行不對的事情，能夠馬上停止繼續犯錯，這是難能可貴的，同時也是智慧的展現。

常常，起了不好的念頭時，當下，不以為意。等到事情的結果出來後，不如己意，才來後悔及懊惱。其實，結果的好壞都在最初時就決定了。

相信種善因，必得善果。得到了惡果，思考最初是否哪個環節不對了，找出根本的原因，改正自己不對的部分，將禍導正為福，那麼就也學到了一課。

靈性學子

懂得思考的人，能更加善用智慧平息焦躁的心

靈性導師

人生不如意的事十之八九，不經一事，不長一智，放鬆些，反而能在煩燥或苦痛中理出頭緒及悟出道理。

「事愈繁而亂愈生」，當事情多了，很多想法要同時進行時，往往心亂如麻，不但陷入煩惱找不到出路，還會把事情做得更糟，許多事情一旦靜下心來，就能看出端倪，能知其先後順序，許多難題自然能迎刃而解。

古語有云：「知止而後有定，定而後能靜，靜而後能安，安而後能慮，慮而後能得。」煩則亂，亂則事敗，保持平靜的心面對所有煩亂，任何一樁煩人的小事情都是鍛鍊我們、提昇我們的好機會。

靈性學子

如果你找到了對的路，而在過程中有放棄的念頭，
那不是你的錯，而是你智慧尚未達全。
但是，你的勇氣，可以幫助你持續往前不怕挫折與苦難，
只為了成就更多人的將來而做的前置！

靈性導師

找到對的路後又能夠有勇氣繼續，並有智慧的堅持下去，真的是一件很困難的事情。什麼是對的，我們不一定有足夠的智慧判斷，也不一定有足夠的勇氣讓我們繼續堅持，所以，有時候，就算遇到「對的」，如果沒有智慧判斷，就會擦身而過。生活中有很多選擇，我們都需要有足夠的智慧幫我們判斷那個才是對的，也需要有堅持的勇氣，才能在「對的」軌道上繼續前進。

每天都會遇到很多事情，要判斷，但是，在智慧不足的時候，還是有說不出「感覺」，讓你去判斷那是不是「對的」。懵懵懂懂中，我相信，神是眷顧著我的，所以，當我無法判斷的時候，我相信我的感覺，然後，堅持下去。

靈性學子

轉念之間可以獲得更大的智慧

靈性導師

一個想法，驅動著不同的作為，也造就不同的結果。

想法會影響行為，甚至於結果。負面的想法更是會導致不好的後果，無論遇到多少挫折及困難，轉個念頭用正面的想法去面對。處理的過程，也許有難過或不順利，但是，所獲致的結果往往比用負面的想法要來得好。心轉了，這個世界就美多了，這樣的轉念就是一種智慧。

「轉念」，就是一種智慧。因為有足夠的智慧，才能讓我們換個角度、換個想法，去看待身邊的事情。冷靜的思考外界所給予的訊息。

靈性學子

別讓腦袋阻隔了你的心。

靈性導師

現在是個資訊爆炸的時代，每個人都能接觸多方面的資訊，聽見多方面的聲音，聆聽多方面的想法，往往因為這樣，反而蒙蔽了自己心裡真正想要尋找追求的事，有太多的物質吸引會改變最初的真心。

別讓過多的思考，阻礙了你的行動；別讓事後的結果，影響了原本的想法。

有個同事，每次工作分配時，她從不自己先挑選工作專案，而是配合主管的分發去做，雖然往往都被分配到時程最短、細節最挑的案子，雖然如此，她沒跟主管抱怨過，而是立即著手聯絡客戶、廠商與工廠，也許有些案子有點小瑕疵，但都在主管與客戶能接受的範圍內結案。

仔細的觀察她的工作態度，她每次拿到燙手的專案時，會花更多的心思構想，更多的時間去溝通，有餘裕的時間就將整個流程重新審視一遍又一遍，發現問題立即著手調整、修改，有更好的想法就立即與客戶溝通協調，有難題也主動告知主管，不管是同事、主管、客戶，都對她有一份非常深厚的信任。

有一次好奇的問她：「妳工作的訣竅是什麼？」她說：「誠實告知。」

「誠實」很簡單的做法，但卻很難做到，因為害怕太誠實，客戶質疑我的專業，因為害怕太誠實，主管認為我能力不夠，我們常說「想太多」就是這樣，甚至當工作不順時就會去計較自己的付出有沒有獲得等比例的回饋，少了就覺得不值得，考慮之後還要不要做？但往往很多難題與困難，真的只要「誠實告知」就可以為自己爭取更大的空間與時間。

不是說做事不用思考只靠一顆心去衝就夠，而是要思考怎麼行動時別讓想到可能的阻礙與利誘替換了自己當初的美意。

靈性學子

靈性的感動

人們往往看不到自己擁有的
只想著別人有的
而在斷送了自己幸福的那一刻才覺悟
不要把你這一輩子的青春留給不必要的人
要把你的歲月交給懂你的人

靈性導師

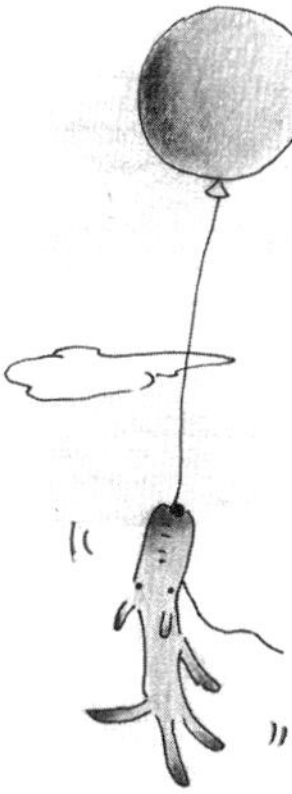

「無慾而生；無慾而存；無慾而亡」

在人間一個小嬰兒的誕生，是生命新的開始，是喜悅。

小嬰兒成長受家人的呵護，是責任新的開始，是喜悅。

孩子們因為環境的經歷，成就了不同的性格與不同的想法，這些想法稱之「慾」，無論想法是如何，都成了自己下一步的重任，只是當你被這些想法所困之時，你是否也想到如何解除之道，而此時此刻，你將學習著，放低「慾」而獲解惑，有些人選擇的是，放掉「慾」而獲重生，因為「無慾而生」所指的是，生命最初沒有任何的慾念，也代表著，在成長經驗的過程中，可以用來幫助自己，如何運用智慧讓自己可以無慾而獲得重新開始，彷彿回到小嬰兒般的無慾之相等。

當你經歷了更多采多姿的生活時，開始懂得選擇，選擇自己喜歡或適合的生活方式，這樣的方式，都是為了迎合生存在這人間的必要條件，你將不斷的創新，不斷的學習與前進，而這種種的生活方式都只因為你要生存在人間，你想獲得別人給你的認同與肯定，你想擁有你腦海中彷彿的自己，這些「慾」讓你前進，也讓你將自己原本真實的一面隱藏了，你害怕別人看穿你，於是你也開始學習如何將事事表面化，日子久了，你將因此而讓自己顯得疲於奔命，終究是一場空，因為你所表達出來的各種神情將不是原本的自己，而是學習別人的仿造，「無慾而存」在生活的空間裡，如何適時的找出未曾改變過的自己，也是最真的自我本質。

年紀老邁，也許是一種自然的死亡象徵，但，總是有年輕之意外事故而亡者，當你追求與現實不符合之處，你運用你所有的經歷與一切的種種思考，在你還沒找到自己的路之前，你將提早離去，因為沒有人教你死亡之後的路，「無慾而亡」任何生命與事情的結束，都依然是不存在任何思考空間而離去，也許是自己不想再去思考，也許是自己不想再去面對，但也許是已經找到正確的出口而離開。

迎合會傷人傷己，迎合是不分是非的意舉。

靈性導師

為了短暫的「獲」卻犧牲自己的尊嚴，是背棄自己的行為並不是真誠的表現。

職場上，為了迎合居上位者，放下自己的立場，長久下來，使居上位者過度自信，進而做出錯誤、誇大的決定。發生問題了，上位者只會責怪你。

好比感情上，為了迎合另一半，犧牲自己真實的想法，長久下來，把另一半寵上了天，對方卻認為一切是理所當然，習慣了這樣的相處模式，另一半並不會感謝你。

長久下來，會不會因為迎合別人連自己都不認識自己？

夜深人靜時，會不會因為莫名的委曲湧出，卻不知為何而哭？

指正錯誤的當下，也許會造成一時的不愉快；但，能用智慧去化解。堅持正確的立場，能讓成果更圓滿；堅持正確的立場，亦能讓許多事情更順遂。

靈性學子

會帶來快樂的人勢必有一天會帶來痛苦，
快樂是來自自己，非那個人，
一旦離開就不會造成痛苦。

靈性導師

不管是感情、生活或是工作，我們所得到的快樂滿足，往往是另一半、上司或是周遭人的認同讚賞等等，卻不是自我給予的肯定。

這樣的狀況，反而更容易使我們在遭遇任何事情時，因為他人的反應言語，感到挫折跟痛苦。快樂是源自於自己的心，而不是外在價值。一旦我們把這樣的心情或是情感抽離自那個人，那麼在生活上行為上，就更可以讓自己不受影響，自在的過生活。

靈性學子

每一件事情的發生，都是一種學習。
如果，不真心看待，那麼美好也會錯過；
如果，不真誠以對，那麼好事難成緣。

靈性導師

很多時候，對於事情產生的結果，總是會有很多怨言，或者認為事情怎麼會發生？但每一件事情的產生，都能夠從中學習到不一樣的體悟。如果，可以認真的體悟其中的道理，當你遇到美好的事情便能會心一笑。當你不願體悟，只是不斷地在抱怨，那麼再美好的事情也都將錯過，同樣的，不去認真的對待，再好的事情也無法有好的結果，反之則亦然。當你用心看待周遭每一件事情的時候，你會發現事情沒有想像中的這麼糟糕。不管其中的經歷如何，不妨把它看成是上天要你多一些學習的機會，也讓自己多一點的人生經歷，可以讓自己更成長茁壯。

透過學習，可以把自己或他人的一些經歷轉化成一種能量，也唯有虛心認真的去接受，才可以變成自己的知識。所以說，做任何事情肯不肯用心是很重要的，唯有虛心學習才可以達到自我的成長。

靈性學子

> 放下，不是最困難的事，
> 而是，從放下之後能再拾取，那才是真實面對自己。
> 面對回憶，才能拾回憶，
> 擁有回憶，是可貴的珍寶，
> 一個人能面對的，就是生命中留下的刻痕。
>
> 靈性導師

以為遺忘或刻意消除記憶是一種放下，其實那是種逃避，一種不願面對曾經發生的生活點滴罷了。

真正的放下，能夠面對過往的傷痛而不再受傷。不讓同樣的事件重演，而有應對之策。

無論是感情、事業或財物，不強求不屬於自己的。勇於面對回憶也是一種成長，因為那是實實在在的真實世界。

退一步，海闊天空，靜下心來，才能想的更清楚。然後，面對難解的問題，想出讓自己真正釋懷的應對方式。面對困難、解決克服困難，所有的經歷，都是人生當中，最深刻的體驗。

不需要緊握住過往的遺憾與不安，因為緊握住「過去」，而無法再擁抱新的事物，放掉「過去」，才能擁有「將來」。

把每一次的事件都當作是一種的磨練，所謂不經一事不長一智也是這個道理。唯有誠實面對它，記取當中的教訓，才是最難能可貴的。

回憶，是自己活著的證據，有自己的喜怒哀樂愛恨嗔痴。
回憶，不管好的、不好的，都是自己一路走過來的記錄。
從回憶中面對，審視自己。
從回憶中學習，累積經驗。
從回憶中成長，養成智慧。

靈性學子

> 讓他走，他是個體的靈魂思考者，
> 也不過是時間到了，緣份盡了，
> 你也是個體的靈魂思考者，請好好為自己打拚與思量。
>
> 靈性導師

每一個人，生長的環境不同，接觸的對象不同，許許多多的不同，培養出不同的想法、個性，我們可以提供他更好的選擇，幫助他瞭解更美好的事物，但不可能去改變他的想法與決定，也許在強迫下，他接受了不是他真心想要的選擇，但長久之後，他會不會後悔？會不會改變？都不是我們能決定的。與其為此傷心難過，不如把這份心用來好好思考，怎麼做才能幫助自己，提昇自己。

報紙有一則社會新聞，男女雙方原本已經決定好結婚的日子，不料，卻因訂定結婚的日子會互沖到雙方家長的生肖而鬧到不可開交，最後，卻因此而結不了婚，但女方已懷有身孕，而事隔一段時間男方也認識其他的女孩子，女方因為氣不過而鬧上法院。

男方因為此事無法好好工作與維持現有的感情，女方也因為這樣，必須要付出一輩子的時間獨自養育孩子，其實這一切都是彼此的不夠成熟來好好的處理當下的事件，因而造成如此令人婉惜的結果。

上述的故事也可以有個圓滿的結局，單看彼此能不能用理性的態度去面對。畢竟，曾經愛過也擁有過，一旦決定分開，就當一切只是緣份已盡，不需再強求跟等待，好好的走自己的路，男方也應該負起該有的責任，然後繼續他自己的人生，因為人生的路還很漫長，一切都還是要向前看；這一切都是在考驗彼此的智慧是否能戰勝自己。

相聚是緣份，離開是學習，來來去去，走走停停，只有自己繼續前進，才能看到更美好的事物。

靈性學子

> 在別人的眼裡逗留太久會迷失自己，
> 在別人的心裡逗留太久會忘卻自己。
>
> 靈性導師

太注意別人看我們的眼光，很容易迷失了方向。過度在乎在別人心中的分量，會忘了自己的存在。

小魚和（化名）交往多年的女友小影（化名）分手，這是段煎熬的日子，即使分手好幾年了，小魚的心中還是忘不掉對方。交往的時候，常要求小影成為自己心目中理想的對象，小影也常配合他的要求，在人多的地方、朋友聚會的時候，不可以有親密的舉動，出去玩的時候，不可以牽手要保持距離，不能跟其他人太親近。到了交往後期，小影發現小魚喜歡的是他心中幻想的理想對象，不是她。

朋友發現小影漸漸變的不開心，勸她要跟小魚好好溝通，但好幾次的溝通都沒有得到有效的解決，因此，小影決定不再忍受他的無理要求而跟他提出分手。

分手的初期，小魚的眼裡還是只有小影，不斷的回想過去的總總，希望藉由改變自己來挽回小影的心，每當想起或提起小影時，總會有淡淡的哀傷。

分手的一年後，小魚見到小影交了新的男友，看起來變的自信許多，小魚無法面對已經完全失去小影的自己，便用逃避的心態，希望自己也能趕緊找到新的對象，希望自己可以過的比小影更好。

人們常希望在意的人，心裡要有一個屬於自己的位置，想知道對方的眼裡自己是一個如何的人，變成對方所喜歡的樣子，但在追求、改變成對方喜歡的類型過程當中，自己是否快樂了呢？是不是自在的做自己？愛一個人不是成為他愛的樣子，而是要讓對方愛上真實的你。活在別人的眼中，不僅將自己束縛，更為了遷就對方而改變自己，不斷追尋在對方心裡的位置時，遺失的不僅是自己，更傷害了許許多多關心妳的朋友和家人們。

靈性學子

勇敢追求愛的人不會侷限於那個人，只有侷限的人不會有愛。想要真愛的人，會往那方面走，而非走向那個人。

靈性導師

芸芸眾生都尋尋覓覓愛情，且汲汲追求。尋覓的應是一份真愛，而不是鎖定於那個人，當你想追求的是真愛，那麼，真愛就會出現。

有位朋友，因為想要有份感情。因此，只要有了對象，就在短期內答應交往，而忽略了一般正常的交友過程。在這種狀況下，激情所佔的成分極高。因為了解不夠深，戀情往往在短時間就結束，不歡而散了。

靈性學子

感情的真正命脈是彼此在觀察，
欺瞞是感情最大的致命傷。

靈性導師

維繫感情最大的關鍵在觀察與了解，彼此了解互相信任與尊重，才能維持感情的溫度與熱度，無關男女感情朋友感情，亦或是手足親情。

在我一生中遇過幾段感情常因自己粗心或惻隱之心而缺少了觀察與智慧，造成對方有機會欺瞞我，或是發現有異狀卻仍不願面對事實，用原諒為最大的理由逃避結果受傷的還是自己。

感情最重要的是基本開始，彼此從人品、生活瑣事、生活態度、朋友關係等等，觀察了解，進而互相關懷與照顧，不要是欺瞞、觀察，而是了解、溝通，認識彼此關心彼此，才是維持感情最大關鍵，欺騙是讓感情結束之關鍵。

靈性學子

懂得寂寞才開始享受快樂，只有快樂的心才能凝聚在一起。
所謂凝聚是看到開心畫面感受開心。

靈性導師

寂寞與快樂是相對的，知道寂寞是什麼，才能夠體會快樂的感受。快樂的人才會樂於與人交往，當一群樂於與人分享的人聚集在一起時，就會散發更多美好的氣氛，讓更多人感受到開心的感覺！

在真理的開導下，我們獲得啟發，漸漸的脫離世俗的物質感官困擾，將自己從寂寞中解救出來，開始注重心靈上的快樂與富足，帶著這份愉快的心情，我們在會館服務學習著服務眾生，在羅奇的帶領下，我們都是替廣大眾生做事的一份子，透過各種活動將神介紹給更多人，每次的座談會，大家都帶著謙卑與感恩的心情，聆聽真理。

讓自己屏除外界紛擾紊亂的雜念，沉澱自己的思緒，自己與自己的對話，因為只有自己幫助自己，才能更瞭解自己的心，在心靈成長的過程中，偶爾也會遇

到不了解者的質疑與反對，絕大多數的時間裡這是寂寞孤單的！

獲得了悟之後，體會到真正的快樂，就是回到神的身邊！這時候的我們，才能享受自己心靈上的富足與喜樂，這種滿足的感覺，不是金錢與物質感官可以做到的！

賢才集聚集思廣益，跟一群一樣不斷在心靈上自我提升的人接觸，當這群快樂的人聚集在一起時，散發出來的快樂氣氛，就是世界上最美好的畫面！要好好珍惜每次相聚在一起的時間！

靈性學子

唯一讓此生不抱遺憾的方式，
就是時時刻刻面對自己的人生，
也尊重別人的功課，才能帶來同修法則。
你愛你所愛的，你會得到愛；
你恨你所恨的，你會得到恨。

靈性導師

一生要能夠不虛度，無非是面對此生的功課。每個人在這世界上，皆有他會遇到的課題，包容彼此的問題，給予適時的建議，可以共同成長，修行也就不孤單了。愛與恨不是他人給予你，而是取決於自己的心念。如同風景是否美好，決定在你當下欣賞的角度。

一則新聞提到，一位吸毒販毒的人被判了無期徒刑，有次母親來探望他，因為行動不便下樓梯時，摔了一跤滾到他面前。他勸媽媽身體不好不要勉強來看他，他的母親說：「我要來看我的寶貝兒子。」讓他徹悟。這樣的一句話，讓他下定決心面對自己的過錯，並希望能幫助其他人。因此，他開始有了信仰，也開了一間素食自助餐店，提供就業機會給更生人，也靠團體的力量，將其他有類似遭遇的人，一步一步的拉回正軌。

他因為母親對他的愛以及希望他改過的堅持，讓他痛定思痛，下定決心面對他的問題。他也奉獻他的力量，幫助其他吸毒的人，讓那些走錯路的人，重回正軌。

我們在面對信徒或是周遭朋友時，總嘗試渡化他們，讓他們接觸神，幫助他們度過難關。另一個角度來看，不也是藉由和他們的接觸，知道他們生活中遇到的問題及苦處，進而讓自己修行更加成長。

將愛以及正面的力量散播出去，也許當下感受不到對方的回應，不要氣餒。只要堅持相信，正面的力量也會回饋到自身，不管是來自於自己或是他人。

靈性學子

用知足成就幸福。

靈性導師

往往覺得幸福遙不可及，必須用盡一切心力去追逐或創造，卻讓自己活的很辛苦，只要轉個心念，用真誠的心了解自己，知道自己所需要的，抱著知足常樂的心態，不處處著眼生活中發生不愉快的事情，讓其他人感染這情境，成就彼此的幸福，生活便隨處充滿了喜樂。

不少兩性節目在闡述要交個理想的對象，經濟要怎樣的厚度，工作該有如何的成就，和這樣條件的人交往才有幸福可言。幸福彷佛得依賴在物質上，往往讓人忽略了精神的交流，擁有越多的物質，心靈上卻越空洞。

一個賣菜的大嬸，每天辛苦的在市場裡擺攤賣菜，僅能賺取勉強糊口的生活費，但她想到小時因家貧而無法讀書，仍舊由每天微薄的收入裡撥出一部份儲存起來，捐給孤兒院或幫助需要的小朋友，讓他們不要因為沒有錢而失去受教育的機會。她感謝上天仍給予她能力與機會去幫助他人。有時不用去大飯店享受大餐，為加班晚歸的家人煮一碗簡單的蔬菜麵，就算天氣冷也覺得心很暖。

要懂得知足才會覺得生活是幸福的，過多的物質慾望只會讓自己更不滿足而迷失；不滿足的人，給他再多他還是覺得匱乏，知足的心是堆砌幸福的磚牆，懷著感恩的心，滿足上天賜的一切，當人們擁有知道滿足的意念便可體會幸福的真諦。

靈性學子

靈性的了悟

心不受心所用
人不受人所使
乃靜動自如者
而人行受心控
自然行之了然

靈性導師

打開心中的一道門，封閉了舊有的往事。
莫提路載遠，知心開路來。

靈性導師

在我們的內心裡都有一塊塵封的過往，是快樂的，是悲傷的，是難忘的。那些曾經的經歷，被覆蓋的回憶，也都造就了我們，現在的一部份。

過往的是是非非，不論是對或錯，造成的傷害已深。但是，人不應該被這些事困住，而是要學習換個念頭，讓這些過往，轉為成長的助力。心的廣度，也就不再被侷限。

靈性學子

心，是靈魂的思考主軸，心與慾望是結合體。

靈性導師

有時候，做了一些事，不明白自己為何會那樣做。等到過一陣子，才發現，原來那是心裡的想法，但卻和平時的自己不太相似。原來，就算再怎麼掩蓋，心中的想法仍是被蓋不掉的。

所以，才要好好的學習，把自己的劣根性去除，才不會被欲望所控制，而做出讓自己後悔的事。

靈性學子

用「心」不一定可以知道每一件事；
但，不用心，可能會誤解每一件事。

靈性導師

一件事情的成敗，多半取決於肯不肯花心思去做。就像人們在工作的時候，老闆有時候會交代一些專案進行，常常會犯了一種錯誤，想快快做完早點下班。反而，不肯花心思去做，後果當然可想而知，交出的成果不盡理想，反而得浪費更多的時間作修正。

如果，這時候能夠改變做法，多用點心思考，老闆要的是什麼，哪些地方又該注意，這樣的話，一定會比較符合老闆的期望。所以說，凡事只要多用點心，一定可以事半功倍。

靈性學子

心不在意做多少事情，而是你做的每一件事，
都是用來肯定這顆心付出的存在。

靈性導師

人總是為了獲得更高的肯定、更多的讚美強迫自己去做很多事，甚至是超出自己能承受的範圍，也拼盡全力去做。反而忘記了，生活中有很多事，是出於自然的。例如，看到別人快被車子撞到，為了他的安全出聲喚他，而不會在意，他會不會感激之類的，這樣也是一件很好的事。凡事只要問自己，有沒有用心去做？有沒有努力去做。何不盡己之力，做所能及之事。只要有了開頭，一切都不會太遲的。

我們常會忽略掉「用心」去該做的事，往往只是像做功課一般，其實不管我們的本位在那兒，只要認真做好每一件事，抱持著善的信念，相信一定會在過程之中，看見不同的結果。

靈性學子

一顆心能行千萬路，遍尋知音在何方。
如不把周圍緊握住，再好的願景無處留。

靈性導師

追尋自己所想要的人、事、物時，常常忽略了周遭的人事物，忘記珍惜當下身邊的美好風景。

有一篇故事是描述一位想要給父母過好生活的兒子，常常廢寢忘食，不分日夜的工作、賺錢，為了賺更多的錢，他常常連假日也不放過任何賺錢的機會，他也因為一心只想要賺錢而不能常回家陪伴父母。幾年後，他終於達到了他的目標，當他認為自己可以衣錦還鄉，可以給父母過好日子，可以陪伴在父母身邊孝順父母時，父母卻已過世了，再多的錢也喚不回他的父母親。

年輕時，自己總是不懂自己的根在那裡。總是一次又一次地離家，在外不想回家，覺得家裡是一種負擔及壓力。比較懂事了點，才發現，家是最溫暖的。

於是，我們要學會珍惜，學會把握住當下。

靈性學子

當你的心態對了，
你所講的話，你所做的事，都有一定的影響力。
這樣一來，你將用光明打敗邪惡。
反之，相反的，你將被光明擊倒。

靈性導師

我們也許能欺騙別人，但是卻騙不了自己。

舉個生活中常見的例子，公司為了出貨，硬是將未完成的產品數據更改，員工遵照主管的指示，昧著良心去做，雖然唾棄主管的行為卻也無可奈何，只因拿人俸祿，被迫忠於主管指示。

正所謂多行不義必自斃，說了一個謊，就必須要用更多謊言來掩飾，這樣的循環下，最終讓客戶不信任，更結束了雙方生意的往來，殺雞取卵啊。

靈性學子

在了然的池水當中，活魚沒有水喝。
死魚在求著下雨，天從人願嗎？
魚兒魚兒不挖渠哪來河。

靈性導師

沒有努力開拓，只是在原地踏步，祈求上天的幫助。忘記了，要自立自強；忘記了，沒有自己的努力、不斷的求神拜佛，也不會有成果的。

一個即將開始的新標案，如果只是在家裡閉門造車，不跟客戶溝通需求規格，不瞭解市場走向，不跟供應商討論原料選擇，只是一直擔心，是拿不到案子的。努力，不一定會有成果，但是，不努力，一定不會有好結果。

靈性學子

山之所以高，卻不離地。海之所以廣，亦不忘深。心之所以受用，仍智慧之所致。俗世皆是磨練，而不損傷自己。

靈性導師

人的一生也許就像是爬山一樣，往山頂的道路，並不是都一路順遂，也有可能荊棘滿佈。但是，這兩種不同的道路，也就造就不同的思考與處理態度。

過得順遂的人也許覺得事情、工作上都按部就班的去做，沒有太大的改變，相對的成長、獲得經驗比較少；而遭遇不順的人，在想法上也要有一些轉變。倘若，做一件事情總覺得困難重重，不思解決之道，這就是被困難所打敗，危機就降臨；但是，如果努力思考解決的方法，就不會被困難所打敗，使得危機變轉機。

靈性學子

心若過急躁，靜動反汝心。
若開此扇門，河流入過境。

靈性導師

天地靜靜的，人也應該靜靜的，心靜如水，不因爭名奪利而晃動，因為有差別取捨的私心，因為有爭名奪利的貪心，結果往往違反了當初最真的誠心；嫉妒心、猜疑心、貪心、私心，這些為惡的心，都在排擠、啃噬人的愛心，水，天下至柔，馳騁天下至堅，見機而行，順勢而流。

「靜」需要很大的意志力，控制自己，不要有太強烈的反射動作，要多收集資訊、分析情況。唯有靜下來，才有辦法釐清思緒、看清自己真實的想法。操之過急，容易發生「呷緊攏破碗」的悲劇，冷靜的分析狀況、縝密的思考因應之道，才能讓一切「水到渠成」。

靈性學子

清風如得心安寧，
微笑走過千萬路，
迷途羊兒森林裡，
要轉幾圈才活路。

靈性導師

沉靜心思，不在做事情前就先想到失敗，倘若事事都畏首畏尾，不敢走出一步，就像迷途的羊在森林中找不到出路，能不能走出去要問問自己的心。

每一個人都有其存在的價值，知道自己的價值，就能很清楚的定位。還在迷路尋找自己的人們，尚須努力學習，清楚明白，自身需要的是什麼。

其實一生中截至目前為止，一切尚可，但唯一得不著智慧的是太相信別人，太少愛自己，尤其是感情路太執著、放不下，有時甚至無法面對現實，一直在兜圈子，讓自己內心很苦，得知我幸不得我命，如果感情能更瀟灑些，更愛自己一些，上天仍會闢一條路讓我行，何必執著於一人？想想真笨，想著遠方有著一個正人君子在等我，過去也就沒啥值得留戀了。

每一個人都有存在的價值，知道自己的價值就能很清楚的定位。前些日子，很明白的告訴追求者我的信仰是他無法左右與動搖的，在感情世界還在迷路，尚須努力改過的我，很清楚明白需要的是什麼。就如同對神的感謝，心存感恩自然心安定，怡然自得自能自在活。

靈性學子

當你想好，就一切都會好

靈性導師

人往往有一個習慣，總是告訴自己，要把所有的事情，想到最糟的地步。等到狀況真如自己所想的糟時，又告訴自己，果然如當初所想的一樣，那麼自己也就不會這麼的失望了。卻不知道只是累積一次又一次的挫敗及難受罷了。

每件事情發生前，我們都會有自己期盼的結果，不要因為害怕可能會發生的失誤，而將事情想到最壞的程度，讓自己對每件事物都有好的想法，那麼一切也將會漸漸轉好。

靈性學子

不要怕錯，就怕不敢做。
天下沒有越做越挫的道理，只有越挫越想做。
不到心死方不休，只要他是對的，
我們的感覺不會錯，我們的經驗不會錯，
只要心還在，就要憑感覺去做。

靈性導師

沒有人喜歡做錯事，只要做錯就很容易畏首畏尾，裹足不前。太過在意別人，甚至懷疑自己的經驗，深怕之後會有什麼無法挽回的影響。

學習判斷事情的對與錯，學習只要是對的事，就義無反顧的去做，哪怕別人在旁竊竊私語。忘記了做正確的事時那份喜悅，深烙著做錯事時的沮喪感。雖然嘴上總是掛著沒關係，但是卻還是太在意曾經做過的蠢事。

學習，讓善良的心領著自己前進。
學習，讓熱忱的心領著自己前進。

靈性學子

慈悲的心是從原諒開始。

靈性導師

人和人之間的相處，多少都會有磨擦，放下彼此的成見和誤會，從多方面去想，將會看到其它美好的一面，原諒別人也是善待自己。

有一年的生日，下班後想起自己好久沒逛街了，獨自一人在市區的街道上走著，開心的看著路邊許多新奇的小玩意，櫥窗裡美麗的衣飾，走著走著，走進一條小巷裡，在一間服飾店隔著玻璃門猛然發現了一個熟悉卻又陌生的身影，心裡一陣抽痛。

那個失蹤已久卻又相識多年的友人，竟然出現在眼前的服飾店裡。想到多年前因自己的貪念而被他有機可趁，當時相信他的花言巧語而向外借貸了不少錢，本想賺一些利息來貼補家計，誰知，不但沒增加收入，反而增添了負債。

發生此事後沒多久就認識了羅奇，羅奇不斷的撫平我的情緒，修正我當時偏激的想法，也給了我很多簡單卻實用的建議，依建議把負債處理到一個段落，雖然回收無法補足負債，但友人也因此將經營多年的店面收起來離開了。

事隔多年，一看到她，激動的情緒讓我想進到店裡找她，按捺住自己的心情，抖著手撥了通電話給羅奇，告訴他我的念頭，電話那頭說：「找她要做什麼？說什麼呢？事隔多年，都已不再追究，你現在已過得不錯，她也不好過的，放下吧！」

是呀！何苦再惹因呢？簡單的幾句話讓我的情緒瞬間平穩下來，深深吸口氣，轉身看看其它，有更多美麗與新奇的東西讓我眼花撩亂呢！

放下其實是放過自己，一顆糾結的心只會讓自己不自在而縮小了視野，前方的路是如此的寬廣，相信用不正當方式取得財物的人的日子也不好過，我是坦蕩蕩的過日子，而她呢？躲躲閃閃的生活豈舒坦？如今的我生活安定，孩子也穩定的過日子，父母健在，平安是福，知足即富，該求的是擁有一顆自在的心，過簡單又安定的生活。

原諒別人就是放過自己，當你開始原諒別人時，你的心就會愈來愈柔軟、清明而寬容。

靈性學子

成就自己的家，要從成就自己的心靈開始。

靈性導師

大約半年了，迷失在象牙塔裡，一直在情感的世界打轉。生活雖安定，心靈卻不自在，身邊的好友也適時提醒了我，記取羅奇的教導，重新審視自己，外在看似安定的表像，內心卻是迷惘的，把心找回來後，才是真正的安定。

心思貪了，路就歪了，感情如此，生活更是如此，唯有自在心才自由，「情緒的掌控不但是管理自己，更是懂得管理別人的情緒」，我在努力，在對的時間做對的事，珍惜身邊簡單的幸福。

靈性學子

要行見你心，不行是你理；若禍來自無心，則更加用心。

靈性導師

要做好一件事，別草草了事，要讓人看到你的毅力、決心，有時遇到不熟悉的事情，人往往會講一堆的理由來搪塞，來掩飾自己不想為之，在犯下一些無心的過錯，人都需要學會自我反省，更加留意以免再犯同樣的錯。

公司在去年合併一家公司，當然，部門內每個人工作都加重了，心想這些案件要把它結算，以免被罵。那段時間，就一直想，但沒去執行它。自己也清楚，不去處理會發生什麼後果。果然，在年底時，就因為案件堆積多了，而被高階主管指責，事後才用心去消化掉大部份案子。

真理，符合了我從小到大，經歷了不少人生經驗，會一直在回想那時為什麼不如此？事後檢討，發現平時在工作上，很多想法會從你的腦袋跑出來，你也非常清楚，這些想法去做，可以避免事後很多不必要的後果。可是，有時候就是不去做，或是把那個想法堆積著，等到了非做不可的時候才去做，反面把自己搞得很累或是被人指責。把想法去實踐，別擔心別人的看法，有做總比沒做好。

靈性學子

沒有人是絕對的好，或是絕對的不好，但他絕對有存在的價值。

靈性導師

同一個人所做的事，在某些人認知中就是不好的，但是在另一些人眼中卻認為是必須的，對於需要的人來說，這個人所做的事就是好的。

二〇一一年，陳光標來台進行商務活動並捐款計約臺幣5億元，予低收入戶及弱勢族群，且要求採當面發放的方式進行捐款，因此有部份地方政府認為過於高調，有損受贈者尊嚴，且大筆現金有安全疑慮而婉拒，但也有部份地方政府表示相當歡迎其捐款活動。很多慈善團體則樂觀其成。即使在中國，陳光標的高調行為在民眾眼裡也是褒貶不一，討厭他的人，認為他不過是沽名釣譽，賺取名聲；支持他的人則認為，他是真心行善，且用自己的影響力想讓更多的人參與行善的事業。

放棄自己活動的結果，將其供獻出給需要的人，哪怕是首善捐的，還是小朋友捐的，只要捐得有誠意，不就是件好事嗎，何必硬是要分個對錯呢。我們都習慣以學識的高低來判斷一個人的優劣，但是我們卻忘了每個人都有他的專長，人沒有絕對的好與壞，只是差在他是否被放在適合的位置。正所謂「天生我材必有用」，因此我們不用看輕自己。而現在的我們，首先要找出我們的專長在哪裡？哪裡是我們的優勢？再來就是努力充實自己的本職學能，相信假以時日我們還是可以被派上用場的。

每個靈魂都有自己的想法，政治人物有政治人物的想法，百姓有百姓的想法，但只要他的存在是被人所需要的，那在這遼闊的宇宙中就有其存在的價值。

靈性學子

心不會講話，但你可以開口，問題就解決了。

靈性導師

與其將問題放在心裡耽擱，不如勇敢開口。

娜娜（化名）是一個凡事會先在腦袋規劃清楚的女孩，許多事情常常在她腦中思考的過程中，因為想不出一個解決方式，就放棄了，放棄比失敗好受，她是這麼想的。她不問人找答案是擔心提出問題的她會顯得不夠專業，或是問的問題讓人認為怎麼會問這種問題。可是這般來來回回，許多事情總在她想的時候放棄，放棄容易，可是這樣的心情，沒有人解惑的擔憂是放棄不了的。

心情只有自己能體會，自己在承受。問題也是。在想的時候，沒有人可以知道你在想什麼，擔憂什麼，開口是傳達思想的方式。不管是怎樣的想法，只要願意開口就一定會有所回應，比你自己困在心中想破頭來的明朗許多，我們在人生旅途一定會碰到問題，不管什麼樣的問題，找個解決方式是必要的，不要老是自己困惑著，偶爾聽聽其他人，不同立場的想法，會有另一番的見解跟出路。

靈性學子

你在做的時候要去想，你在想的時候要去做

靈性導師

在做事情的時候，要去思考自己在做的事情對不對，才不會變成莽夫，也要去想，怎麼樣讓自己更進步；在計畫的時候，要有實際的行動，去完成規劃的夢想，計畫才不會流於空想。

小時候，母親就會提醒我，規劃，之後就是要有行動，這樣子才能實現夢想，才不會「晚上想一堆、天亮沒半步」（台語諺）。想，都是比較簡單的，但是，光是想而不行動，時間就會不斷的被蹉跎掉。研究所畢業之後，想要出國加強英文，那時候，也許是憑藉著一股衝動，很快的聯絡好學校、辦好簽證，就隻身前往陌生的國度，如果當時候沒有收集資料、聯絡…的行動，就不會有機會在美國生活、申請另外一個研究所，有這麼多不同的人生體驗。

最近在工作上，偶爾會有，「所謂為何？」的感覺，花時間心力做的一堆報表、文件，到底，有什麼樣的「意義」呢？每個報表之間的連動性，又是在那

邊？這個報表，可以讓我得到什麼「效果」？好多的問題，都該仔細的思索，到底「可以達成什麼目標」！辦活動的過程，不能迷失在辦活動的工作上面，要瞭解活動的動機在那邊，要達成的目標是什麼！不然，在所有行動的過程中，會覺得沒有存在感，只有疲憊不堪的辛苦感。

行動與思考，要隨時兼顧好，這樣子，才不會像無頭蒼蠅一樣的亂衝亂跑，但是，一點成效都沒有！相對的，在計畫的時候，如果都不去做，只是在紙上談兵，每天都是在做白日夢，夢想永遠就指示夢想。現在，我們都想要努力的讓更多人接受神的恩澤，所以，我們要逐夢踏實，配合活動的規劃，確實的執行，也在執行的過程中，配合上適度的檢討改進，讓我們離夢想更接近！

靈性學子

只有不覺得辛苦，才享受的到甘甜。

靈性導師

任何一件事完成的過程中，都有苦有甘。唯有將其中的辛苦，視為邁向成功的過程，不將其苦處難處放在心上，才能享受到最後甜美的果實。

開始著手進行出版書籍時，毫無頭緒。不知道怎麼樣的方式，能夠編排出一本讓大家都能夠讀懂的書。於是，參考一些其他宗教的書籍撰寫方式以及編排，進行的過程中，有時間上的壓力，也有對自己疑問的壓力。只能不斷不斷的告訴自己，「堅持」下去。奇妙的是，過程中沒想過如何的辛苦，只想到要將他完成。或許如此，看到樣書印出來的一剎那，雖然不是非常的精美，心頭上卻也有著久違以久的感動。

事情的發生，都可以讓我們學習到真理的意涵，甚至是回想起遺忘的初衷。經歷的事情多了，也漸漸忘記最純真的感動以及快樂。相反的，負面的情緒也漸漸多了起來。心中不去計較辛苦，不去記憶難處苦處，才可以單純的享受到其中的甘甜。也許有來有去，但也都有可學習之處，這不也是難得的好事嗎？

靈性學子

富裕的生活，是擁有富足之心者取得。

靈性導師

以感恩知足的心態在過生活，以知足常樂的態度看待每件事對待身邊的人，瞭解自身的美好且明白施比受更有福時不論你處在什麼樣的環境，自然而然每件事都是正向的力量和回應，也因此你的生活將是更多采多姿且快樂的世界。

偶然間在網路的影片上看到一則小動畫，內容是說有一位富翁到小島度假，碰巧遇到了一位手拿著釣竿並且拎著兩條魚的漁民。

那位富翁問那位漁民為什麼不再多釣一些魚？漁民回答：因為這些已經足夠一家人吃了。

富翁說：你應該要釣更多的魚去賣，賺錢買張大的漁網，然後再用漁網補更多的魚來賣就可以賺更多的錢。漁民問他：為什麼要賺這麼多錢呢？

富翁說：賺更多的錢就可以像他一樣，買一艘船然後到美麗的小島嶼去度假。但漁民笑著回他：船跟小島他都已經擁有了⋯

我們生活在五光十色的世界裡，天天都要面對許多物質上的誘惑，現代人對於生活上享受的追求擁有很多的慾望，雖然想要總是大過需要但我們總是對於現狀不滿足，所以我們總是茫然的去追尋、裝飾來滿足內心的慾望。

眼睛所看到的是他人的外表，然而心靈的樣子是自身才清楚的。對於事情的態度和想法能夠對於自身所擁有的知足，是再多的錢也買不到的滿足。

靈性學子

靈性的思慮

你們想要的，不一定是真的；
你們得到的結果那才是真的；
你們做的決定，不一定是對的，
你們付出的過程，那一份真誠，才是對的。

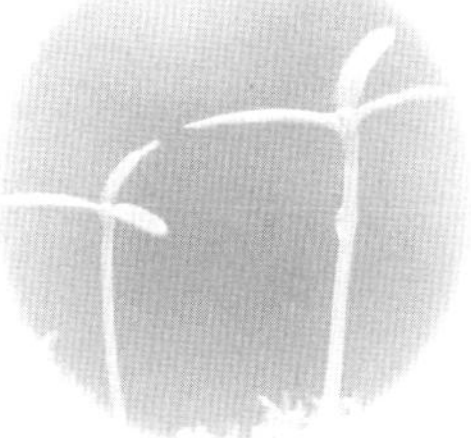

靈性導師

人生好比可以放十塊磚頭的庫存，任何人都只能有十塊磚頭的空間。

正常人可以放十塊磚頭；超出能力者，是想像自己可以放第十一塊磚頭。

人要量力而為，挑戰能力極限的人，一定會失去自我。

當堆積滿了十個的時候，一定要一次把它拿掉，而只有遇到相同事情第二次，才拿得掉，靠的是經歷。

如果無法一次拿走，就放著不要拿，因為一個一個拿會讓自己痛不欲生，成為行屍走肉。

而這樣也容易尋找替代品，拿這個補那個，要堅持自我原本應有的生活圈關係。

當你開始羨慕其他人所擁有的東西時，你會不擇手段的去搶過來填補，這種人最空虛，什麼都補不進去。

人有時候需要用機械化（制式化）的方法思考。

靈性導師

審視自己，會為自己帶來安詳。視察別人，只會帶來不自在。

靈性導師

總是聽到別人訴說對方的不是，總是看到別人與他人比較，看到別人的好，看到別人的壞，看到了別人擁有自己沒有的，想要！

但是，真的需要嗎？

想要跟別人拼輸贏，就有可能輸、有可能贏，贏了你高興、輸了你沮喪；如同+1或是-1，都讓心湖產生了漣漪，只有與自己比較，贏的是自己，輸了也是自己時，才會正負相抵，歸於穩定。

當別人對我惡言相向時，會發現：如果我一直去想：「你也好不到哪裡去」這類想法時就會越想越火大。但是，如果是在想：「自己本來就沒做好，那樣作確實應該會比較好」之類，不去在意多餘且負面的情緒時，情緒起伏相對會比較小。這也就是體諒與計較之間的差別。

靈性學子

了悟是一生的事情，並不是一瞬間就可以。
只有明白的人，懂得讓自己快樂。
聰明容易誤事，強求容易失去，
只有停留的人，才不變。
越迷惘的人，有時候是最清醒的；
但保持清醒的人，最害怕迷惘。

靈性導師

在人生的過程中，許多事件的來臨，都是種磨練。過程中會經歷逃避，面對，學習，放下，就像剛挖出來的原石，沒經過切割琢磨，內在的光芒就無法真正顯現。

人生每個階段，總有著當下要領悟的課題，世事在變，唯一能夠不變的就是自己的心，讓自己的心保持著初衷的本意。外在所能給予的快樂，往往太過空虛不可靠，而自己給予的快樂才是真正踏實的快樂。

人生的道路上，總有起伏不定，從挫敗中找到智慧之路，並非一時之間就能領悟。只有誠心，認真生活的人；才會從失敗中找原因，從生活經驗中增加智慧。

靈性學子

強求是一時的美，且所有過程是不開心的。

靈性導師

很多時候，人們都有意無意的強求他人，也強求自己，得到自己想要的結果。強求得來的結果，可能是你短暫想要的，可能是你以為自己想要的。但時間會證明，結果將不會是當初所想的。

人常常忽略的是，其實人們往往是常態性的在強求，反而忽略這個過程，實際上，自己並不快樂，也不開心。

許多事情，何不就讓它來，讓它去呢？

強折的花不美，強摘的瓜不甜，強求的事不圓滿。常常在工作上及生活裡，要求別人達到自己想要的結果，無形之中，反而給別人帶來壓力與不開心，也讓自己不快樂。勉強得到的結果，也未必真的順了自己心意，凡事隨緣莫強求，說不定會有意外的收穫。

靈性學子

你苦的時候別人也苦。
如果不咬緊牙關努力下去，哪有勝利的可言。

靈性導師

人生的道路上多少會遇上艱難、痛苦的事，往往認為自己受苦時，卻忘了周遭的人其實也正面對他們的難題。唯有咬緊牙關堅持下去，最後的成功就在眼前，才可以嚐到最後甜美的果實。

好比，工作時遇到瓶頸時會想，可不可以直接跳過不做了，但往往這個關卡就是最重要的關鍵。感情受創時，常常回想著為什麼當初的美好，可以轉眼間消逝不見？看著別人在笑，會羨慕，其實，只是自己沒發現他們背後的苦處罷了。

每件事情的發生總是一體兩面，遇到了問題，一開始就想放棄，或是隨便應付。那麼重複的事情就會一再的發生，讓你學會面對，讓你學會堅持。要放棄很容易，堅持很困難，在最低落時要堅持又更困難。如果勝利能夠輕易到手，就不會成為自己想追求的目標，將每個接踵而來的挑戰，當成是學習的課題，不再逃避，咬緊牙關撐下去，看到黑暗後的藍天，總是特別燦爛。

靈性學子

不擔心不懂，擔心的是不聽。一個人不聽時，就代表失去了。

靈性導師

曾有位靈性學子跟大家分享他工作上遇到的狀況。

在會議室裡，主管平淡的將非自願性離職單，遞給面前的人說：公司決定合約到期後不再續約，謝謝這些日子的協助。然後請他協助辦理交接事宜。

他回想起過去一年裡，這位同事有任何不懂的地方，只要開口問，老同事都會耐著心教導他，甚至大家還輪流排出下午的時間進行個別的指導。三個月後，相同的問題依舊未改善，那些熱心的同事也對這位同事從期待，變成抱怨，最後都有一個疑問：真的有用心在做嗎？主管的要求很過份嗎？

每份工作，都有他辛苦與快樂的一面，前輩願意把多年的經驗跟後進分享，後進願意聽，可以少走些冤枉路；不願意聽，到最後公司決定不再聘用時，失去了一份工作，也失去了成長的機會。

靈性學子

人生何尋苦，人生何尋樂。其中了因果，當中明大事。

靈性導師

每個人的一生，都會經歷生老病死的過程，也同樣會擁有喜怒哀樂的各種時刻。但是，什麼事情會讓我們感到苦惱？什麼事情又會值得讓我們快樂呢？完全取決在於你的心態而定。

只要清楚知道這些苦樂，是人生的展現，不刻意追求不刻意尋找，讓自己安穩在當下，便能幫助自己定心並領悟更多的事理。

同樣一件事，不同的心態也會產生不同的看法。也許今日讓你苦惱的事，他日會轉化成為你快樂的動力或來源。

明白這中間的因果，也就不會被現在的問題所困擾，任何問題也將能夠迎刃而解。

靈性學子

你們不願意克服困難，你們就會跟困難更靠近。

靈性導師

生活在世界上，不可能永遠平順，總是會有一些波折。積極的人，遇到困難就會想盡辦法去解決，一試再試，直到解決為止；消極的人，總是以為只要眼睛蒙著就沒有遇到。殊不知，如果沒有徹底解決，困難反而會跟你我更接近。唯有以正常的心態面對它，解決它才是正確的處世態度。

勇於面對困難並試著去解決，不懂的就開口請教，不恥下問。慢慢的，頭腦就會清楚了，心定了，腳步也穩了。懂得輕重緩急，事情一一的解決。就算不太順利，也能靜心思考下一個腳步。

靈性學子

放下自己舊日的仇恨，才能得到明日的領悟。

靈性導師

人在成長的過程中，總會遇到許多不如意的人事物。這些事物，可能當下是痛的，是難受的。但是，它不應該成為我們的阻礙。

人的腦容量就這麼小，當你心中充斥著過去的不如意。又該如何去接受每一天新的挑戰，新的體悟？牢記往日的種種不悅，只會讓心更糾結，無法吸收新知；把過去造成的傷痛與仇恨從心中移開，才能敞開心門，接納真理進而走向光明之路。

因為神的保佑而走出陰霾的信徒們，期盼能透過自身的體驗，把這股正面的好能量散發出去，感染周遭的人，讓他們也能開心的過好每一天。

靈性學子

不要跟自己的情緒去抗衡，
應該要接受情緒並化解情緒，但並不表示要超越情緒。

靈性導師

當你產生不好的情緒時，不要跟它對抗。而是要去理解為什麼會有這個情緒產出來，並且去接受它及化解這個情緒。但是，不代表要去跨越當時的情緒。

小方（化名）有一位脾氣暴躁的同事，有一次因為一點小事對他大吼大叫，事後還到處說他的壞話。在這個過程中，小方從頭到尾都沒有吭聲。同事們見到這種情況都憤憤不平，認為小方未免也太懦弱、太好欺侮了。有人問小方說：「他對你態度這麼惡劣，還到處誣衊你，你怎麼受得了呢？」

小方回答說：「我為什麼要讓他的行為，來決定我的態度呢？」

我們在工作職場或多或少會與同事發生磨擦，或者是你會認為那件事情應該很容易做到，為什麼那位同事總是沒把工作做好，導致我們要在事後去做補救。或是，別人會散佈一些不好的話語，在你背後來傷害你。

這種因為別人的行為，牽動自己的情緒。或許，當你靜下心來仔細思考，發覺到原來是每個人對於事情處理想法的差異，自然就化解了自己的情緒。另外，在面對別人不當的言行，我們應該做自己的主人，而非成了別人的奴隸；掌控自己情緒，而非成為情緒的奴隸。

靈性學子

世界上最可怕的事，莫過於你了解了自己而不願意面對。
有一天，你一直允許自己犯錯時就會失去自由。
人不怕犯錯，就怕不知道自己犯錯，
所以，要常常反省自己並且導正自己。

靈性導師

我們都很容易允許自己犯錯，替自己找藉口不去面對犯下的錯，反而讓自己陷入過於執著的難堪狀態。

心，失去了自由；路，愈來愈狹隘。打開心眼，面對自己，常常反省並且導正，心寬，路也就寬了。

有一則小故事，描述李鴻章官居要津很久，下級都仰其鼻息，曲意迎合，李鴻章不免高傲侮慢。一天，某縣令拜見，行半跪禮，李鴻章仰面拈著鬍鬚，似乎沒看見。某縣令就座後，李鴻章問何事來見。某縣令答道：「我聽說中堂大人病了，特意來探病。」李鴻章說：「我有什麼病，這是外界謠傳吧！」某縣令說：

「不對，以卑職所見，中堂大人或許眼睛有病。」李鴻章笑著說：「這更是大錯特錯了。」某縣令說：「卑職剛才向中堂大人請安，中堂大人卻看不見，恐怕是中堂大人眼睛病的太深，反而自己覺察不到吧！」李鴻章語塞，不由得笑呵呵的拱手承認是自己錯了，失禮，失禮。

上述的故事中，看出李鴻章雖然不察自己的態度，但是經由旁人的提點下，懂得承認自己的過錯，並且從中得到改進，在現今的社會，人們的知識高漲，往往自識甚高，有時一件事情看得出是他做錯，但是卻拉不下臉跟對方承認錯誤，而是編織另一個理由，來強化自己的立場，證明自己所作所為沒有錯，正所謂「知錯能改，善莫大焉」，能懂得在錯誤中學習，學習中才能了解所帶來的啟發及道理，做錯事不可怕，可怕的是你了解錯誤，而不去反省改過。

靈性學子

當一個人感受到滿足的時候，是一個快樂。

只是，人要感受到滿足，卻都會在失而復得時，才能明白。

靈性導師

習以為常的人事物，因為習慣，讓我們常誤以為擁有就代表永遠，而忽略了許多事並非永恆不變。

有段故事這麼寫著，夫妻之間互動時，丈夫常不自覺的說出違背內心的話，做出抵抗內心的舉動，不敢坦然面對自己的心情，使妻子分不清話語中的真實性和認真度，後來，在妻子決定離婚時，丈夫才想盡辦法要對方回到他的身邊，並憶起過往相處的每個快樂時光，而拼命的將妻子挽留，對當初的違背內心之言，深感後悔。讓他更加明白自己所擁有的，所想要的，並且更懂得珍惜，及擁有的喜悅。

靈性學子

苦樂自找，人無過。
牽腸掛肚，禍殃天。

靈性導師

許多事物實際上並沒什麼好在意，好在乎的。因為過度的關心、關切，以及過多的在意，而變成了問題。

在意並不是壞事，但過度卻是不好的。過與不及，都不如中庸。

靈性學子

當你迷失自己的時候，回過頭看就明白自在。

靈性導師

無論做什麼事情，都會有迷失的時候。偶爾，忘記了目標、初衷，但經過一段時間之後，再次去回想看待這件事情的時候，會有不同的視野和態度，並能以更客觀的角度去瞭解，其實並非當下的徬徨處境。

學生時期，常會分組和各個組員互相交流意見，做出一個個辛苦的心血結晶，大家會因為某些意見不同而有所堅持，偶爾也會鬧不愉快，這時就會有人提醒我們這次設計的目標和主題，他會要我們先以自己的想法、理念去先規劃好想要的呈現方式及細節，然後提出自己的觀點來和大家討論並審視是不是跟原本的主題有太大的偏離，當我們再次整理設計這件事情的時候，便會又有新的想法並拉回當初的目標去進行。

靈性學子

懂得的人會去做，明白的人會去聽；
成功的人會去想，失敗的人會去怨。

靈性導師

常言道，你有怎麼樣的付出，就會有怎麼樣的回報。好比說懂得的人是因為他肯親身去做，而不辭勞苦，所以他能懂得事情的來龍去脈。明白道理的人，是因為他可用心傾聽來自各方面的建議，所以他能比常人更明白事理；事業成功的人，是因為他會思考成功的條件有哪些，進而達成那些條件，所以他做任何事情都會成功。

失敗的人，他總是有諸多埋怨，卻沒想到自己該付出哪些努力。所以，惟有肯多做、多聽、多想的人，才可以當個成功的人。

每個人從小到大，都會經歷很多的事情，有一些事情讓我們印象，在這些記憶中，有的我們會選擇記住，有的我們會選擇遺忘。不愉快的經驗，尤其應該把它忘記。當你再回想過去的不愉快事情的時候，別忘了把那些傷心的，惱人的事情通通放下。唯有忘記以前牽絆包袱，同時記取教訓不再犯錯，這樣才可以讓我

們人生更精進，更能到達成功的彼岸。

一則故事，它是這麼說的：從前有一位老師父跟小沙彌外出化緣，在他們化緣回來的時候，途中經過大河流，看到一位婦人，因為怕弄濕衣服，在那徘徊不止而不敢渡河，這時候，老師父就毅然背起婦人幫助他渡河，過河之後，婦人沒有說甚麼，就離開而去，老師父與小沙彌就繼續走著回寺廟。

一路上，小沙彌就一直想不通，走了一段路後，小沙彌就問師父說：「師父，師父，出家人不是要禁女色嗎，怎麼師父會背那位婦人過河。」

老師父說：「其實我過了河就把婦人放下了，而你卻還背著她走了這麼多的路。」

在老師父的心中早已經放下婦人了，而小沙彌心中卻念念不忘。足見一個人想法的重要。很多時候我們會把一些不愉快的，不順利的記在心上，完全沒有放下，無形之中，自己就會有很多沉重的負擔，而造成無謂的痛苦。正所謂「捨得」，能捨才有得不是嗎？

靈性學子

當你不只是為了缺乏，而努力學習時，那一刻，才擁有自己。

靈性導師

如果，你的學習動機是因為某項東西缺乏，而去學習的時候，那只是滿足物質的慾望；相同的，如果，因為心靈方面的求知慾，而想要學習的時候，這時候才是有自己的想法，才是真正的擁有自我。

記得以前學生時候，背書是一件很困難的事情，常常為了背一些古文而通宵，可是效果不是很好；同一段時間，因為很喜歡看武俠小說，通常看過一遍就可以知道大概的內容。同樣都是在看書，怎麼會有這麼大的差異？隨著年紀心靈的增長，了解到如果你是為了應付考試而讀書的話，那學習的心態和效率是會打折扣的；相同的，打從你自己的心裏出發，你想要做這件事，那麼效果才會顯現出來。

學習是讓自己人生因知識而富有，而非讓自己為學習而學習。人要有學習目標，而不是因達成目的而學習，知識的來源除了從課本之外，生活周遭的人、事、物都有值得學習效法之處，知識可以豐富人生歷練，可以讓自己活得有朝氣有笑容，為了豐富自己內心而學習，才能擁有自我。

靈性學子

萬古千愁心惹禍，
愁久生恨莫執意，
行如水焉心開闊，
隨修之心道先明。

靈性導師

惆悵、悲傷都是心被傷而造成，有恨意的念頭別太執著，走在水流處，看看高山流水，心也開懷舒暢，雖有修法的心意，但是一些道理要先明白了解。

之前看報紙新聞，有很多情殺案件，往往缺乏溝通，而另一方又過於執著，放不下對方，而做出一些傷害對方的事，要是當下旁邊有朋友或家人陪伴規勸，也許念頭一轉，就不會做出傷人又不利己的錯事了。

在現今的社會，每個人都有其哀愁、悲傷的過去，社會的貧富差距過大，造成有些人過於功利，缺少道德觀感，最近看到新聞，有拾金不昧的人向對方要求十分之三的報酬，因為對方是貧苦人家，所以不太能接受，雖說法律有規定，但是我們也要考量對方家境再提出吧！若是因此造成對方無法維持生計，這豈不是本末倒置，政府應該在法規上做一些修改，不然對貧苦人家是一種負擔，如此一來愁容滿面，因而心生怨恨，那就不好了，我們應該要加強對道德教育上學習，千萬別讓小孩過於功利，而是真心助人不求回報。

靈性學子

靈性的純真

罪惡將得到善念的救贖
然而善念也將團結起來
只有透過團結的力量
能讓善行有善終
生命的力量來自覺醒的修行
你醒著便能看到神
因為神時時刻刻都在你左右
只有祈求的力量　才能得到神的幫助
誠實的需求　以及誠懇的禱告
神必定能給你回應
萬用的善念魔法—閉眼　虔誠　禱告

靈性導師

當你遇到困難的時候，你必須要用簡約的方式去面對，
那麼，你的心境才會獲得平衡。
相信自己的信仰，會得到神的幫助。
慶幸的是，你擁有了自己以及分享你的慈悲，
保持一個信念，有錯誤的過去才能導正正確的未來，
我這麼告訴我自己，將來神賜給我的，
都是最有用的功課跟磨練。
只要我用我的善良，只要我擁有我的善良，便可無往不利。
力量在我的身上，所以可以找到路。
儘管去做，怕錯的人會沒得做。

靈性導師

遇到困境的時候，要讓自己的心情穩住，用簡單的思維重新思考遇到的困難，這樣子才有辦法讓自己的心情從困苦中解脫。神會幫助相信祂的人！就算再困境，你還是該覺得自己是很幸運的，因為相信神的你，有自己的想法也願意與

其他人分享。失敗為成功之母，因為有過去錯誤的嘗試，我們才能在跌跌撞撞中找到正途。所以，不管遇到甚麼困境，都是對自己最有用的功課與磨練，只要我們保持著善良的心，就有信心與勇氣可以克服困難，為生命找到出路，就算遇到困難與挫折，我們都要勇往直前，不可以因為害怕而退縮！

最近在工作上遇到很多困境，也許，好一陣子沒遇到這樣子的瓶頸了，讓我忘記遇到瓶頸的感覺，也許，這些問題，是日積月累下來的結果！主管對於我的詢問請教，都抱持著挑剔的回答與逼問！也許，他覺得這不該是有經驗的人的問題，所以，他理所當然的認為，我不應該會有問題，卻忽略，在這個龐大的組織底下，很多東西對我來說，都是新手上路！我該慶幸，主管同事認為我不是菜鳥，而是有經驗的工作夥伴！也該慶幸，主管認為我可以帶新人，所以會對我有更多的要求！撇開情緒化的問題，很多東西，都還是要學習的！

因為不斷的被挑剔，所以我才有機會檢視自己與工作夥伴之間的合作與溝通方式，讓自己更加的提升！這是個重新檢視自己，在這份工作的一個好機會，不論是工作定位，或是待人接物！過程也許不舒服，但是，結果卻是好的！

在經歷過一份報告被退五次之後，現在，寫報告對我來說，已經不是甚麼大問題了，可是，仍然有很多做生意的手法與方法，是我需要去精進的！

懷著感恩的心，我相信神會眷顧祂的弟子，所以，越不喜歡的，就越容易遇到需要磨練的！每個人都喜歡做自己擅長的，對於自己不熟悉或是不擅長的，總懷著戒慎恐懼的心情，要讓自己更好，就是要去克服自己內心的恐懼，挑戰自己往更高的極限邁進！逃避不是解決之道，在信仰的支持下，我們都可以戰勝所有的挑戰！相信你的神所給你的，都是你最需要的。

靈性學子

神蹟沒發生在自己身上，那才是福氣。
期望神蹟者，如同追尋不幸，
我的信仰不用神蹟，因為我很幸福。

靈性導師

人往往在最失望，最無助時渴求神蹟。當需要神蹟時，人生的狀況會是多麼地不理想，多麼地絕望？

常常都有迷思，怎都沒看到神蹟發生在自己身上？表示自己不夠好，所以沒受到神的眷顧嗎？平安的人不需要印證神蹟，因為平安本身即是印證神蹟，感謝神的保佑，能夠喜悅地度過每一天。或許人總是要靠比較，才知道自己富足之處，只是在知道時可否明白且珍惜這份幸福呢？

靈性學子

是「忙」，還是「茫」，
是「進」，還是「禁」，
是「他」，還是「祂」。

靈性導師

事情都是有正反兩面，就像光明的背後一定會有陰影，每天的生活、每件事情，如果不用心去分辨，會讓自己活在渾渾噩噩中。

有一位友人，在大家的眼中算是個事業頗成功的精英份子，常常代表公司簽訂各式合約，出國洽公更是家常便飯。

一日帶著孩子去機場看飛機，意外的遇到他，順口邀請他到家裡喝茶，原以為像他如此的大忙人應該是行程滿檔，連喝個茶的時間都撥不出來，沒想到他欣然接受，他簡單的撥幾通電話後，牽著孩子的手走出機場大廳，不知道的人還以為那是他的小孩呢！在回家的路上，他笑著聽我訴說「家務事」，眼神裡流露出來的光芒，現在回想起來，也許是羨慕吧？

當他看到家裡雜亂的客廳，他說：「這才是家啊！」沖了壺茶，閒聊之下才瞭解，在外人看似成功的光環下，他很寂寞，為了給妻子更好的生活，他努力工作爭取每一個機會，他以為只要賺很多錢就是愛的表現，忽略了妻子每個在客廳睡著的夜晚，是為了什麼？

一直到妻子因為憂鬱症而輕生時，翻閱妻子的日記才發現，雖然每到一些兩人特定的紀念日，他都會買些昂貴的禮物送給妻子，但有多久，沒親自將禮物送到妻子的手上？有多久沒靜下心來陪妻子吃頓晚餐？現在，每當工作告一段落後，回到那整齊卻無人氣的房子，卻不知道自己眼前別人羨慕的一切是為了什麼？

他曾經怨恨過神，當我跟他分享神的禮物之一──選擇時，他沉思許久。

用心，才會知道自己到底在做什麼！為何而做！不然真的會有一種不知所以然的忙碌感！用心去想，為什麼要這麼拼命的工作？人生目標是什麼！

用心才是所有事情的根本！

靈性學子

相信善良會得善報的人，肯定獲得善果。

靈性導師

前陣子，有個殘障的計程車司機拾到一個皮包，裡面有幾十萬的現金，他立即與警察聯絡，警察也很快的找到了失主將失物還給他。

這名司機，家裡有長年臥病在床的母親與仍在讀書的小孩要扶養，他的生活非常困頓，幾十萬可以是他一整年的生活費與小孩的教育費，但是，他物歸原主後，堅持不收失主的答謝紅包。新聞記者採訪他時表示，這是他該做的事情，並沒有什麼特別的。後來，大家開始在部落格與臉書轉寄他的故事，希望有需要搭計程車的人，可以跟他叫車，在網路上獲得莫大的迴響，讓他收入增加了許多。

有時候，我們會有計較的心態，總想著能得到什麼好處，去評估要不要做一件事情，把生活弄得很複雜很辛苦，卻又有種得不償失的抱怨。

傻傻的去做對的事情，冥冥中，上天自有安排。希望大家都能秉持著善念過生活，世界會更祥和。

靈性學子

會爭辯的人不會求助，不求助者無法渡化

靈性導師

會與人爭論對錯、強弱者，打心底不覺得自己有錯，更不會承認自己比對方弱，自然也就不會向他人求救，又怎會接受別人的幫助呢？

在成為靈性學子之後，很多朋友都會問我原因，我也樂於分享跟羅奇的接觸以及在這裡的感受，其中有一位自稱是無神論者，愛聽別人與神的接觸，是因為喜歡與別人探討到底有沒有靈魂？有沒有神？

我笑著點頭沒有再多說，他卻反問我怎麼不說服他，相信或接觸我口中的神？還問我沒聽過「反對的背後就是最大的支持。」嗎？

我回答：「已經跟你說完我是這樣受神幫助的，選擇相不相信或接不接觸都是你的自由，我們歡迎你來上香，但若只是想討論這些有沒有或存不存在的話，那說到這樣就差不多了」。

就信仰的方面來說，真正會相信的人一點就通；不相信的，就算事實擺在眼前，他也能找出理由來反駁，就算一時能說服，也不是真心，唯有等到他停止爭辯、虛心求助時，才有機會引導他受到幫助。

有時也會覺得自己受到不公平的待遇，持續強調自己是對的，但也正因為我們說自己是對的，那別人又怎麼來幫助我們呢？用錯的方式來幫忙嗎？我們自己會承認有另一種對的方式嗎？停止無謂的言論、真心求助才會找到出路，學到更多。

靈性學子

只要有你們在的地方就有神

靈性導師

偉大的神是無所不在的，無論你在哪個時間、無論你在哪裡、無論你的身分、無論你是貧窮還是富貴，祂都在你的身邊，只要你有任何需要，向祂祈求，也一定會有好的結果的。

有位信徒很喜歡開快車，尤其是在沒有人的時候。

約在民國九十九年中的時候，他因為下班趕著回家，當時因為已經很晚了，他很自然的車速就越開越快，突然出現一個人，他閃避不及撞了上去，他馬上下車查看對方的情況，並立即聯絡相關單位前來處理。

隨著警察、救護車陸陸續續來到現場，圍觀的路人也越來越多，當下他心裡只有一個想法：「神啊，請幫幫她，希望她不要因為我的過失而有無法彌補的傷口。」

警察從車子損壞的程度判斷車速很快，被撞傷的人應該很嚴重才對。

第二天，他去醫院探望對方的時候，院方說她已經出院回家休息了，也許是神聽到了他誠心的祈求，所以這件事才有這麼好的結果。

由此可以知道，神是無所不在的，只要你能心懷敬意，勇敢向神祈求，祂就會聽到你的希望，也會為你做最好的安排。

靈性學子

何須執心菩提樹，心佛靜意言真理；
悟道行之必善果，開天古今道已鋪。

靈性導師

修行的過程當中，不要執著於外在的儀式，真理是靠靜心思考去領悟的；遵循領悟到的真理去過生活，就會得到好的結果，真理，在盤古開天的時候，就已經存在著！

逢年過節，傳統的習俗總會有很多的神鬼祭祀，一般民眾都相信，透過這樣子的過程，才可以讓自己有善果。但是，知其然不知其所以然的結果，就是讓所有的儀式流落於形式。盲目的拜拜，並不是修行。與其把時間花在那些民俗活動，不如把時間拿來研讀真理或是經典。

人，只有透過自己的靜心思考，才能從真理與經典中獲得開釋與領悟。心靈上的提升，才是真正會有善果的方式。真理，垂手可得，他並不是突然出現的，而是，一直存在我們的生活周遭，只看你有沒有認真去體悟。

靈性學子

《第五章》

天上人間故事集

天堂的故事

遠在文明誕生之前，世界只有一個。這唯一的世界，謂之為恆界。

在恆界裡，有眾多位神祇；每位神祇的想法，都能在其中自由地發揮，自得其樂。而恆界，也公平地賦予每位神祇的平衡，使其有所得，亦有所失。兩兩平衡之下，眾神祇和樂地生活在此界；而此界之領導者，被稱之為恆王。

只是，當神祇們的思想之流，源源不絕地產生。以恆王為主的恆界，在諸多想法的衝擊下，不再是當初的唯一。依各神祇的意識、思考，漸漸形成不同的國度。用不同的方式治理著，一塊一塊地壁壘分明。而其中一塊，便是我們所處的人間界。

人間界，是一個很特別的地方。投生在此的靈魂，皆受到一固定形體的拘束。這是和其他界不同之處。而投生為人者，並不全然是受到前世所影響；有許多是不認同其他界的理念，而來此重作選擇，以尋找自己內心所真正認同之處。人間界，就像是一個轉運站，讓眾多靈魂停留在此，以找尋內心欲前往之界。也因如此，靈魂在人間停留，往往不得超過百年，即需前往其他界。

而人間界的存在，也使得恆王有了新的擔憂。在人間界選擇了欲前往某界的靈魂，其腦中記憶會在離開人間界時，完全消失。再來，尤其囿於軀體之限制，在人間界的靈魂，更亟於尋求真正的解脫。因為這二個因素，人間界成了各界想擴大自己版圖的——兵家必爭之地。各界皆派有使者駐守在人間界，宣揚各界之宗旨；拉攏人間界之靈魂。在各界各種不同的思想教化及教導影響下，長時間下來，也形成人間界種種信仰的起源。

也因為信仰之多元化，恆王深感其亂象。便接受了一位尊者之建議，讓各靈魂能在選擇欲前往的界時，是真正依自身意願去選擇的。並且在前往該界時，免除時間限制（百年時間），能完全依本身之原本記憶，去體驗不同界的特別之處。而不再只是像張白紙，去吸收新投生之界所灌輸之想法及觀念。直到靈魂真的尋找到適合自己之界，並加入、參與該界之運轉。

有位神則另提出一項建議；亦即各界之領導者，都必須一起參與此計劃之運作及管理。這樣才能真正瞭解所有靈魂的信仰，與聽見其真實的聲音，進而去提供每個靈魂的需求，成立一全新，不同於人間界之轉站點。

天堂的路要怎麼走？

從前有個善良的女孩，在17歲時意外身亡，在她的靈魂離開肉體後，有位使者去接她的靈魂。小女孩問這位使者：「請問天堂的路怎麼走？」

使者指著前方的一條路，回她：「妳沿著這條路的左邊走，再右轉直走，盡頭有一棵樹，樹旁邊有一間地下室，那裡就是天堂。」

小女孩依照著使者的指示前往，抵達時她被眼前的景象嚇到了，地下室裡有著一覽無遺的岩漿，岩漿冒著熱氣，滾燙地湧著高溫的氣泡，在這裡必須躲著隨時飛濺起的岩漿，不然靈魂就會被燙傷。

小女孩在岩漿國度待了五百年之久。她不論在國度中任何位置，周遭都是熾熱、滾燙的岩漿，讓她的靈體都被灼傷了。她在國度四處走著，卻始終沒有人搭理她、教導她、幫助她，於是她看著別人做什麼，她就做什麼，有人需要幫忙，她就上前去幫忙，學習岩漿國度一切該做的事，即使是必須殺害別人的事情。

過了五百年後，有一天，一位使者送公文，經過岩漿國度，看到她，便上前問她：「小妹妹，妳生前是犯了什麼罪？怎麼會在這裡？」

小女孩回：「我死去後，有人跟我說天堂的路怎麼走，我照著走就來到這了。」

使者問：「小妹妹，妳為什麼在做這些事？」

小女孩回：「我來到這後，沒人理我，沒人教我，我就看別人在做什麼，我就跟著做什麼。」

使者問：「小妹妹，妳這五百年來，都做這些事嗎？」

小女孩回：「對啊，天堂不就在做這些事嗎？」

小女孩用行為證明不論身在什麼地方，不因善與惡，只要遵守當地的規範，守好自己的本分，堅持做好自己該做的事情。例如：幫劊子手執行砍頭任務，因為對方有需要就上前幫忙。

使者被小女孩的甘願及自發性感動，將這小女孩的事情呈報給神，這件事情感動了神，神便將小女孩提升為岩漿國度的主位者，岩漿國度也因為小女孩的得道，提升為另一個天堂。

小女孩在成為岩漿國度的主位者後，對著全國度的人民只說了一句話「做好你們該做的事」這話即小女孩成道的原因。

啟發

每個人死後都想要到天堂，然而天堂到底是什麼樣的地方？到了天堂會遇到什麼樣的事情？沒有人知道。

故事中的小女孩，認為人死後都是要到天堂。儘管，她到了岩漿國度後，被這國度的景象嚇到，她依舊「單純」的相信這是天堂，學習著這個天堂應該做的事情。

她在岩漿國度生活了五百年，從來沒有懷疑是不是走錯地方，只是默默做著在這國度中該做的事情，沒有任何怨言，專注於自己的工作，做好自己的本分，演好自己的角色。在如今我們看來艱辛無比的岩漿國度裡，她沒有逃避、沒有反抗，只是秉持著信念—做好自己該做的事。這個信念，很簡單卻很難做到。生活在世上，都曾埋怨過自己所處的環境、遇到的人以及碰到的事情，帶給我們的不順心。如何能在這樣的心境下，還是將本分做好，不求回報，不去抱怨？

人生就像一場戲，只是每一個人所扮演的角色不一樣，有人是富貴，有的人是貧賤，各有各的角色，而這些角色都缺一不可。人生的際遇總有起有落，變化更是迅速無常，每個人的角色也不停地在轉換，從出生到成長、從結婚到生子、從富貴到貧賤，在這過程中唯一要保持不變的，就是那專注無畏的心，在哪一個位置就要扮演好你的角色，把外在的不如意當作是一種人生的考驗。

在這場的人生大戲中，每個人都是重要角色，我們不須因為自我認定角色重要與否，而有所排斥。因為，就算是一個平凡的小角色也很重要，好比一台機器，如果沒有螺絲釘的貢獻，那機器一定會散掉，而不成機器，更別遑論要運作機器。

人生就像蓮花要堅持自己的立場，不受世俗的誘惑所蒙蔽；不受世俗的擺動而隨波逐流。用最純淨的心和感動，去做自己。

靈狐的告白

在恆古時，萬物一點一點的出現。這時，動物的靈早於人類的靈出現，許許多多的動物靈中，大約可分為四個種類，其中兩類為善、惡。

隨著更多的靈出現，善惡逐漸壁壘分明，終至對立。由於善惡二方此時並無分界線。形成了許多小團體，這些小團體彼此間不斷地鬥爭著。這無數的鬥爭，也使著許多靈體消逝。

太多生命為此而犧牲，神為了阻止這個悲劇持續的發生，祂決定劃一條界線，將善、惡隔開，不再彼此戰爭，致使靈體相繼耗損。

祂劃開了善與惡，創造了一道分割善與惡的牆。善的力量向上，形成天堂；惡的力量往下，化為地獄，彼此無法碰觸。

但在神劃開界限之際，有隻靈狐恰巧站在分隔善、惡的界線上，界線從牠身上劃過，將靈狐劃為二半，牠的一半靈體位於善界，一半靈體位於惡界。牠的上半部靈體發著白光（善），下半部靈體發著藍光（惡）。

萬古年後，靈狐仍在原地，動也不動。即使其它的靈經過，也不理不睬。

直到一位美麗的神祇經過此地，遇見靈狐。

神祇問：「你怎麼不做選擇？」

靈狐說：「我已經做了選擇。」（意即待在這裡）

神祇問：「那我能幫你什麼？」

靈狐回答：「如果我的犧牲不會造成悲劇的發生，我願意。我願以虛空之體，渡化虛空之靈。」（註1）

神祇問：「我能怎麼做呢？」

靈狐說：「嫁給我。」

神祇問：「怎麼嫁？」

靈狐說：「永生永世愛我，只愛我一個，我也會對你不離不棄。」

神祇說：「可以呀。」

在神祇嫁給靈狐的瞬間，善惡的臨界處，靈狐的靈魂形成了一個星球：精靈界。因靈狐願以永生不滅的肉體，來治癒受苦的靈魂一言；精靈界散發的是治癒的能量。由於，靈狐一輩子的犧牲，其他靈體再也無法靠近他，靈狐只能透過神祇的靈體，對外運輸源源不絕的治癒的能量。

註1：虛空之體：永生不滅的肉體；虛空之靈：受苦的靈魂。

啟發

「善」與「惡」是兩個極端的對比，就像光明與黑暗一樣。故事中，善惡就在老天爺所築下牆的兩端，正如我們常常說的，善與惡在於自己一念之間的抉擇也就是一體兩面的存在。

善與惡的分別常在我們都是以「自己」的立場去看待事情，以自己的經歷和觀點去判斷是非、瞭解事情，就像人與人之間本來就不可能完全的瞭解對方，應該要去相信那個人的本質。

一個轉念可以決定你要行善或是為惡，為人處事要三思而後行，考慮周延再下行動，因為一個小小的決定足以影響日後的發展，同時也要切記「勿以惡小而為之」，古人有云：「星星之火足以燎原」，不可不慎重。

故事中的靈狐有著犧牲奉獻的精神，牠願意用自己肉體的犧牲來治療無數受苦的靈體，這是多麼偉大的情操。世界的美好，也因為有許許多多的人默默的無私奉獻，才使得我們有機會可以成長茁壯。

好比我們的靈性導師「羅奇」，他為了教導我們明白真理，為了幫助眾生離開苦難，為了讓更多的人接觸「神」，感受到神的恩澤，這樣的犧牲奉獻，是我們一輩子的目標。現在的我們懷有相同精神，奉獻出自己的精神與時間來幫助芸芸眾生，讓有更多人可以像我們一樣，感受到神的力量，脫離苦難的循環。

在這裡我們找到了靈魂的伴侶—靈性導師羅奇，找到了我們的信仰，正如故事裡靈狐對神祇所說：「永生永世愛我，只愛我一個，我也會對你不離不棄。」這就是靈性結合的最高境界。永生永世愛我們的神，敬重我們的靈性導師，神也會帶領著我們走向陽光，走向正途。

存在於不存在的城市——拓魂

拓魂，不存在於有文明、有管理之處。宇宙的空間能夠不斷地增加，是因為有一群拓魂者去開荒拓墾。所謂拓魂，他們通常身份是一個星球之主，且德高望重修成圓滿者。當領主發願當拓魂時，他必須拋下身份及所有的禮遇，並且需要全星球的人民發心發願，同意讓其國王成為拓荒者，並且離開他的國家才能成為拓魂者。

拓荒這樣的行為是最大也是最慈悲的功德，因為全國的人民跟拓荒的國王一同發心發願，找尋另一塊土地，以容納更多需要家的靈體。

有天，羅奇跟神的座騎老鷹出去，沿著界看到了許多正正方方的小方塊，小方塊組成了一大正方體狀的星球。其中有個小方體向羅奇打招呼，他有些驚訝，於是對著小方體說：「你怎麼會說我的語言？」

小方體回：「凡萬物有靈性者，都能用你的語言跟你表達。」

羅奇接著問：「你為何在這？」

小方體回：「我的失敗正在尋找成功的方向。拼拼湊湊的土地，它是一座城市，我正在等著需要它的人前來占據這座城市。」

羅奇問：「那你如何知道誰該來這？要做什麼？」

小方體說：「家的存在只為了等待，再有靈性的家，也只有等待那些該來的人，沒有了這裡，即便沒有了家。所以，家不用找人，而是人尋找家」（註1）

原來這些小方體是拓荒者，而拓荒者將一座星球開拓完成後，必須要等到第一位靈體到這座新的星球，他才能夠離開。

註1：人—靈魂，家—棲息地

啟發

人的一生總在不停的嚐試，只為了找到自己的歸屬。不管是事業，愛情，人生，都在不停的尋找著。直到找到自己能認同的，才願意停駐，再去作發展。很多時候，一件事都要有開頭者，才會有後續發展，而開頭卻往往是最困難的。

所有的行為發自於心，心的動機才能支撐自己的目標，再加上有志同道合的靈性學子們，只要夠堅定就沒有做不到的事情。

拓魂，為了未來的人，犧牲現有的一切；為未來的人，建構一個適合他們的家；為未來的人，等待他們的到來。這是一份無私無悔，不求回報的愛。拓魂，只為了讓其他的靈體尋找到適合他們的新天地，而拋下原有的一切，救渡更多需要幫助的靈魂。身為人的我們，不用開疆拓土於無垠的宇宙，也不用冒著失敗消失的風險，就能找到讓我們安心居住的家，心靈成長的家，這又是何等的幸運！

這個故事，也讓我想起這裡的誕生。因為有了羅奇的發心，加上聚集了一群有心的靈性學子。經過時間的累積，才慢慢走到了今天的緣真寺。因為有了「緣真寺」，讓我找到了心靈的家，靈魂的歸屬地，也知道人生裡確實還有很多東西是可以去學習的。很多事，必須有願意去做的人，才會有後續的發展。每個人看似渺小，卻又都是很重要的螺絲釘。環環相扣，才構成了大千世界。

老奶奶的故鄉──無間地帶

無間地帶意思是智慧的空間。它是一個只進不出的空間，同時也是一片非常廣大的空間，而有間地帶是散布在無間地帶裡的小星球。以拓魂來說，是去開拓全新的有間。整個宇宙空間，除了有間之外，其餘都是無間。

無間地帶，是靈魂最原始居住的居住所，有充沛的靈力，又黑又靜，有的只有寂靜的黑夜和無限時間的冥想，在那裡是最高境界的修行。除了受命出訪的使者，沒有一個靈體知道如何能自由進出無間。進入無間的靈，只有自己悟出一個想法，出現一道光，才會有靈獸前來迎接，或是遇見無間的守護者。

無間的守護者：山居老人，以老奶奶拿拐杖的形象現身。

當神劃出善惡的分界線後，所有靈體就漂浮於無間中如同無根的浮萍，山居老人感到這樣不妥，便在善惡兩邊開拓出許多土地，給飄流的靈體居住，也建造了善惡兩邊溝通的橋樑。（註1）

有了居住所的靈魂，開始動手打造自己的家園，各式各樣的創意與文化就在彼此的激盪下創造出來，每一個星球都發輝出耀眼的光芒。經歷繁華，最初的激盪不再，較弱的靈體不再自己思考，而去學習模仿較聰明的靈體。當習慣別人的智慧，無形中失去大智慧，也失去靈魂的自主權，只知道去享受別人創造出來的成果，卻忘了自己也可以創造。

漸漸的，較弱的靈體開始依靠上位者，學習高位者，開始配合高位者的想法，也因如此，宇宙更加分裂，因為聰明的靈體會去操控較弱的靈體，造成世界動亂，弱肉強食，弱者遍體鱗傷早已忘記了如何飛翔。

山居的原意是給大家方便而創出有間空間，但結果卻更為分裂。山居認為他錯了，而隱居數億光年，懺悔及思考應該怎麼做。山居再次出現時，立下一道誓言：真情的一滴眼淚，可以憾動我在你面前出現。你的願望，我會給你實現。打開一扇門，我就在裡面，進門後，是你是我，誰進誰的門？

註1：山居老人是第一位拓魂。宇宙的雛形即為山居老人所規劃出來，再由後繼的拓魂繼續的為需要家的靈體開拓土地。

啟發

凡事均有一體兩面，是非善惡、真真假假、勤勞與惰性、模仿與創新，我們在尋找什麼？我們要的是什麼？跟隨他人的想法還是做真正的自己？常常為了生存，或是惰性的使然，替自己找理由，或是讓自己帶上了一層假面具，面對周遭的人事，久而久之，也不知如何做真實的自己了。

「靈性」，主張的是真正的自我，也就是本我，有自己的思想，有自己的行動。「惰性」，主張的則是按照既定的方式進行，沒有自我的想法、主張，只求能夠交差了事。

像是我們的教育制度，現在的父母親都過於保護自己的小孩，好意的幫孩子決定了未來的道路，依賴著補習班歸納的重點，過於講求速成，讓大多數的孩子，不肯自己在書中找到答案，細細品味書本帶來的樂趣及啟發。小孩也因為這樣的教育方式，失去了獨立自主，害怕嘗試創新。

每個靈體都有自主的權力，唯有透過不斷的學習，讓我們脫離「惰性」，找出本來的靈性。幸運的我們，接觸到了靈性導師—羅奇，感受到了神慈悲的光輝，開啟了我們的智慧，讓我們參與幫忙蓋廟的偉大志業，成為靈性學子後接觸到求助的眾生，藉由這樣的方式，讓我們學習也能夠成長自我。

遠古神木——石蛙樹

精靈界有一塊叫做奔界的區域，裡面長滿了各式各樣的花草樹木，這些植物都是治療靈體的藥材。只有經過植物性治療過的疾病與傷口，才會得到完全性治療，傷口會恢復與傷前一模一樣的情況，毫無缺陷，如此具有靈性與完美治療能力的草食性治療者，只有當他「自願性」願意為你治療時，才能獲得療效；石蛙樹，奔區的管理者，負責保護與分配這些藥材。

有一天，一位神祇想要領取祂需要的藥品而去跟石蛙樹申請，可是等了很久，神祇還是求不到東西，而石蛙樹也不開口說明。神祇認為石蛙樹違反規定，便向上稟報，更聯合其他界直接攻擊石蛙樹；這場戰爭也使石蛙樹所看顧之藥草，幾乎毀滅殆盡。雖然精靈界的植物永生不滅，但需要花很多時間使藥草重新生長，花更多時間成長復元，草藥的缺乏造成了宇宙空前的浩劫。

後來，另一位神祇前來與石蛙樹溝通，詢問他為何不提供藥品？

石蛙樹說：「所有草食性的生物，只能治療善良的靈魂，而無法治療罪惡的靈魂」。

神祇說：「所有事物都有善惡，為何你只看惡而不看善」？

石蛙樹說：「凡因惡而產生的傷口，我們無法給予治療，要等他惡的傷口自然散去，承受完，我們才會送藥給他們」。（註1）

神祇說：「但是你因為不給他們藥，而造成你星球的毀滅，這樣值得嗎」？

石蛙樹說：「如果這毀滅是大自然的定律，我只能遵從它，而不是改變它，堅持對的事情，善良才能被救贖，即使是這些犧牲，也只不過是過程罷了。但是我們，卻是為了維護更偉大的善良規律而存在」。

石蛙樹之戰，持續了三百年，後來也許是開戰的神祇自覺做錯了，或因久攻不下，亦無法獲取所需草藥。加上各界給予之壓力，放棄攻打奔界。而最終的結局是，神收回了神祇的領地，這場戰爭才真正告一段落。

這場維護善良之役，被記載下來，稱之為石蛙樹之戰。

註1：贖完罪的傷口，植物才會「自願」為其治療。

啟發

一場為了維護善良，不與罪惡妥協的戰爭。

乍看之下，石蛙樹只要給他們藥就可以避免掉這場戰爭，但因此而妥協的話，草食性的生物將因此而一直被欺負。石蛙樹以他的智慧分辨出傷口的由來，也經由這一戰說明了草食性生物會為了維護信念挺身而出，即使粉身碎骨，也不會讓侵略者獲得半點好處。

「堅持對的事情，善良才能被救贖，即使是這些犧牲，也只不過是過程罷了。但是我們，卻是為了維護更偉大的善良規律而存在」，石蛙樹的這段話深深撼動著我，「堅持」對的信念，是多麼難能可貴的事。生活中，不也如此。往往，因為遇到的挫折、壓力及權力，惡勢力的逼迫下，放下原本的堅持，迫使改變自己原有的信念。堅持對的事情，也許會被譏諷、嘲弄或是攻擊，但是，唯有「堅持」才能讓對的事情，善的意念持續下去，朝正確的道路前進。

身邊有一位友人曾偵辦過一件案例：有人為了一己之私慾去販毒，藉由毒品控制無辜的少女，迫使少女去賣淫。這位友人在偵辦的過程中，他的長官認為他沒有績效，不斷的指責他，但是，他依舊堅持下去。

持續了近一年的時間，他終於抓到毒販，阻止了毒販再繼續傷害其他的少女。我的友人抱持著「善」的意念，為了不再讓無辜的人遭受毒品迫害，他堅持了這件對的事情。

找到「靈性導師」的我，期許自己能像我的靈性導師以及我的友人一般，在修行的這條路上，能夠不斷的增長智慧，「堅持」這條對的道路。

無窮之苦──輪迴定律

從前，有一個農夫準備前往田裡耕種，田間有著許多青蛙和蛇。當農夫看到蛇要吞食青蛙，於心不忍就揮舞著鋤頭把蛇嚇跑救了青蛙一命。夜裡，當農夫熟睡之時，忽然聽到窗外一群青蛙不停的鳴叫，被吵醒的農夫才驚覺，蚊帳上盤據了一條大蟒蛇，驚恐不已的農夫隨手抓起了一旁的木棍，打死了大蟒蛇。

隔天，農夫準備上山種田，路上經過一間廟，裡面的和尚看到了農夫經過，就和農夫說他有一個劫難，在上山的路上要是聽到有人叫自己的名字千萬不要回頭。農夫不以為意的上山去了。走著走著，農夫忽然聽見了很耳熟的聲音，喊著自己的名字，回頭一看，赫然發現，居然是上半身是人，下半身是蛇的妖怪。嚇到魂飛魄散的農夫才想到和尚說的話，拔腿就往廟裡跑。得知農夫遭遇的和尚，知道晚上蛇妖一定會來找他，就用一個大銅鐘罩住農夫並告訴他，今晚必須在鐘裡渡過，否則性命難保。

夜裡，蛇妖來了，卻無奈農夫躲在鐘裡，於是便纏繞於鐘上，久久不願離去。

隔天早上和尚起床後，看到大蟒蛇纏繞著大銅鐘死了，農夫也死了。原來大蟒蛇的怨氣穿透了銅鐘毒死躲在大銅鐘裡的農夫。

和尚將農夫與蛇分開埋葬，但隔年清明節時，和尚發現農夫的墳上長出一棵樹，蛇的墳上長出了藤蔓，藤蔓緊緊纏繞著樹，就像纏繞著大銅鐘的蛇，到死後都不肯放過農夫。和尚嘆氣說著：「冤孽啊！冤孽啊！」。於是就將樹作成缽的形狀，用藤蔓做成木棒，用木棒敲打缽，終日誦經。演化至今，便成了大家常見的木魚。但蛇與農夫的恩怨並未就此化解，反而形成了無盡的因果輪迴世代糾纏。

啟發

故事中沒有看到雙方的自省，我看到了農夫的粗心與蛇的不甘，好心救蛙的農夫，沒有想到會讓蛇挨餓，心有不甘的蛇在夜裡跑去嚇農夫，卻被粗心的農夫失手打死，而青蛙卻還了農夫的救命之恩；本來應該是蛇與蛙的恩怨，卻因為農夫的介入，轉變為農夫與蛇的因果，也許人們會說農夫原本是好心，怎會落得如此下場，但這只是從「人」的角度去看這件事，若是依「眾生平等」的角度去看待，將蛇也換成一個人，那麼殺了一個人的農夫，還會有這麼多的人會這麼說嗎？教規中的第二條—茹素養生，萬靈同仁，便是在保護我們避免這樣的報應。

很多時候，我們也會有這個盲點，以為自己的出發點是好意，沒想到，卻反而為自己惹來麻煩，殊不知，在事情處理的過程中，我們可能有瑕疵莽撞的行為，而跟別人結下了怨。好比，很多媽媽為了要讓小孩更有營養，所以燉雞煲湯，想要讓小孩有更好的未來，但是，卻沒想到，這樣子反而是無形中跟其他生物結下了不解之怨，對小孩來說，反而不是種福報而是種孽緣！

了解因果循環的定律時，會發現生活中有很多的事情，都在這準則中不斷的循環。這使我想到真理所說的「每一個選擇都會有結果而結果的好與壞，都在於最初的『選擇』。」從我們到這世界上開始，充滿著許許多多的選擇，我們也都要對選擇的結果負責，所以當我們在選擇時就要思考的長遠一點，而不是著重於眼前的利益、享樂。

正確的信仰，開啟我們的智慧，指引我們走向正確的道路。許多宗教傳遞人死後要接受審判，若有做壞事要接受極惡之苦的酷刑故事，使我們心生恐懼來勸人為善，引導我們不受輪迴之苦。

靈性導師—羅奇，用真理教導我們許多向善以及正確的方法，用光明的思考使我們明白其中的道理。

神的悔悟──禽國尊者

「泉」在天堂中以最高位的三位神祇所組成，池尊，為傳達「泉」所下命令之職務。「泉」的命令，只對池尊傳達，再由池尊對外發表，傳達時不能參雜池尊的意見，池尊也不對命令做任何解釋。

池尊，在尚未接掌為「泉」傳達訊息之職時，乃是掌管飛禽王國的國王。

飛禽王國，是一顆沒有陸地只有氣體的星球，仙霧繚繞，美麗祥和，住著各式各樣的飛禽，池尊的座騎是一隻水麒麟，祂每日乘坐著水麒麟在飛禽王國裡四處探視，保護著飛禽王國的居民。

有一天，飛禽王國來了位訪客，乘坐於火麒麟上。火麒麟是種全身是火的靈獸，飛行於此國度時，傷害了許多飛禽王國的居民。池尊為了保護飛禽王國的居民不再被傷害，乘坐水麒麟前往制止，過程中傷害了火麒麟。因為此事，池尊種下了一個因。

池尊知道自己犯了錯，誠心的向神悔過，並為此事寫了一份懺悔書：

「我急於救眾生，卻也傷害了眾生。

原來為大局著想，並非是以多數人或少數人來決定是否為大局。
基於善良的保護，我傷害了擁有超群智慧的座騎。
此刻，我才悟徹明白
我的行為與他的行為又有何不同呢？
如今，我帶著罪，妄請神的原諒，打開慈悲的門，救贖正在祈求的無助之靈。」
神接受了飛禽王國管理者的懺悔，將祂派遣至泉的身邊，讓祂擔任「池尊」之職，藉以了解宇宙間運行的道裡。
經過長久的修練，池尊也漸漸悟出一個道理：
「當你腦袋裡不出現傷害，就不可能出現傷害。」

啟發

有時或很多時候，自己所做的事是要保護自己，或所珍視的人、事、物。但是並不是都能做到盡善盡美，可能會傷害到別人來成就自己。

有部電影裡有句很有名的台詞：「意義是三小，我只知道義氣。」，雖然看完電影後有點熱血沸騰，但也知道，這雖然只是電影，卻也反映出現代社會人與人的交流，真的少了點「真心」，臉書上的「好友」真的是好友嗎？部落格點閱上萬，是真的喜歡還是一股熱潮呢？手機裡的名單一堆，當有喜悅想第一時間分享的有那幾位？我們有多久沒跟好朋友面對面坐下來喝茶聊天了呢？文字，不能完全表達心中的想法；聲音，有時累了點，口氣差了點，對方聽到的感覺就不一樣。誤會，也就由此而來。

其實很多人在傷害到別人時，並不都存有惡意。因為對他來說，他並不是想去傷害，而是為了做一個保護自己之行為。但是人並無法去看穿對方的內心世界，就導致誤解。加上人天性好面子，在層層原因下，造就出許多奇妙的緣份。

不過也有一帖很妙的藥方，叫做時間。古人曰：日久見人心。時間久了，也就能明白對方並不是存有惡意的。就可以慢慢取得共識，讓誤會漸淡。這是最好的結果，若是無法，就減少互動也不失為方法。但無論如何，都別失去對人性的相信，否則，實在是一件可悲的事。

《第六章》

經典分享

神是創造萬物的宇宙之主，我們生活在祂所創造的世界之中，神為了救贖每一個靈魂，創造了這個物質世界讓人們得以生存，只要付出些許的勞力就可以獲得足以維生的溫飽，惡魔利用人的劣根性，誘導人們在物質世界中追求更多的物質慾望，陷入輪迴的陷阱而不自知，神尊重每一位靈魂的自主權，當你選擇追求外在的物質，祂讓你在物質的世界中不斷的輪迴，當你選擇發掘內心深處的自我，祂會讓你接觸到追尋自我的法門。

為了救贖迷失的靈魂，神不斷的化身為人子在不同的年代與地區，指導人們如何脫離誘惑，剷除罪惡的來源，擺脫輪迴的枷鎖，在沒有文字的年代，這些法門都是由靈性導師以語言來傳授，在距今約五千年前，一位君王獲知他僅剩數日的生命時，他選擇放下物質世界中的一切，包括他的國家、地位、土地與多年來所累積的財富，他尋求一位靈性導師為他講述神的真理，這場會談歷經了七天七夜，吸引了各地的聖人、哲學家、與想要追求內在的人們前來一起聆聽，讓會談的內容被文字記載下來，編撰成如今我們所閱讀的經典，以現今的眼光來看，在經典裡不論是針對政治、金融、宗教、哲學、藝術、醫學、家庭、兩性、社交……所有你想詢問的問題都有解答，不因為年代古老而失去實用性。

在經典中，祂教導人們如何正確的信仰，就如同古人信仰自然的力量，其實信仰一直都在每個人的心中，沒有太繁雜的方法，只是看你的選擇，接不接受祂?信仰神，讚美神，為神做奉愛服務，這是神給予在物質世界的人們唯一的要求，當你認知到自己是神的一部份，你的存在都是因為神的慈悲，你所擁有的一切都是神所賜予的，虔誠的為神奉愛，神就會幫助你脫離物質世界的輪迴枷鎖，享受你所無法想像的歡樂，唯有追隨神，才能享有靈性的永恆。

你可能認為，物質世界裡的誘惑只有金錢、土地、名譽、地位與異性，其實只要你的心念不純粹只為神，就淪為追求物質慾望，經典中有段這樣的故事：

有一個君王，按照神所製定的宗教規範，時間到了就放下一切，前往聖地進行苦修，在長達數百年的苦修中，他一心只想著神，祈求死後回到神的家園。

就在一日他在森林中尋找果實時，看到了一頭小鹿，而那頭小鹿跟隨著他回到了他的修行處，那頭小鹿任憑他怎麼趕也趕不走，他就放任小鹿在修行處生活著，隨著時間過去，他從偶爾看看小鹿，到每天要看到小鹿，每日的修行也不再純粹只想著神，到他死亡時，他心中想的不再是神，而是小鹿如果沒有了他，會如何生活？

當他再次輪迴到物質世界時，神感念他曾做過的奉愛服務，讓他保留記憶，投為他一心所愛的鹿身，他明白了自己的過錯後，以鹿的語言每日讚美神、呼喚神的聖名。

當他再一次輪迴時，他銘記著自己曾犯的錯，更謹慎的繼續他的修行與奉愛，就連走路都再三確認不會踩到任何一隻螞蟻才通行。當他死後，成功的回到了神的身邊。

而神對罪人，也非常的寬容與慈悲，只要你誠心的呼喚神的聖名，不帶有任何功利性的目的，神也會原諒你的罪過，經典中有這樣的一個故事：

有一個修行者，每天非常虔誠的進行奉愛。有一天，他在路上看到一個男人和妓女在飲酒後的激情，他愛上了那名妓女，他拋棄了妻子，帶著那名妓女遠走他鄉一起生活，也生下許多小孩，而為了撫養這些孩子與妓女，昧著良心做了許多坑矇拐騙的事。

當他晚年時，又生了一個兒子，他非常愛這個兒子，他以神的聖名為這個小兒子取名，常常用充滿慈愛的心呼喚著他的名字。

有一天，他看到閻羅王的使者到來，他知道自己即將死亡，他害怕閻羅王的使者傷害小兒子，便大聲的呼喊小兒子的名字。

神聽到他充滿慈愛的呼喚，便派遣使者前往他的住所，當時閻羅王的使者已經將他的靈魂拖離他的肉體，準備將他帶往閻羅王的面前進行審判。

神的使者要求釋放他，閻羅王的使者不解神為何要救這名罪人？神的使者解釋，此人用不帶任何褻瀆且充滿崇愛的心呼喚神的聖名，而且他即使墮落了，因為之前虔誠的進行奉愛服務，讓他在無意識中以神的聖名為小兒子的名字，並且常常以不帶任何褻瀆且充滿慈愛的心呼喚著小兒子。

表面上看起來，他呼喚的是小兒子，但實際上他每一次的呼喚神都聽到了。

在一旁的修行者，明白了自己犯了這麼多的罪，卻被神原諒了，當他的靈魂再次回到他的肉體後，他離開了妓女與那些孩子，進行棄絕的生活與更嚴刻的苦修，當他再次面對死亡時，他歡喜的回到了神的身邊。

由以上兩個小故事我們可以知道，信仰神、崇愛神、讚美神，只看你有沒有一顆虔誠的心，當你為了追求物質的慾望而舉辦了盛大的祭祀活動，你所求得的，也僅只於物質層面，或者認為，當我犯了罪，就辦一場祭祀活動，就會獲得神的原諒，這些都是極為無知、愚蠢的觀念且無法取悅神。

也許你會問：「既然這樣，那何必給我這麼多的物質？」

真理有一段是這麼說的：「物質的存在很表面，但它的存在很重要，因為你必須擁有它，才能成全你，成就更多眾生。」

物質只要足夠生活所需，不因貪念而過份追求，讓你的心被物質的慾望反鎖，這樣我們的生活才會富足快樂。

因為神創造了這個物質世界，我們才有機會洗滌自己的靈魂，追求靈性的自我，擺脫輪迴的枷鎖。

《第七章》

靈性學子之路

一個人本身問題的產生，是累積了很多的歲月跟時間，
神是一步一步的化解，並非一夕之間。

《淺談信仰》

每一個人，在人間誕生之時，就有信仰，只是經歷過家庭、學校、社會環境所改造過，無論你為了什麼因素而放棄過去的信仰，或遺忘了曾經信仰過任何偶像都沒關係，因為只要你願意，你可以從現在開始「認識自己」，任何宗教的主神是否存在，這些對於當下的你並不重要，因為沒有太大的幫助，但你的靈魂是存在的，這個對於你才是最為重要的認知，那麼要如何的確定自己的靈魂是真的存在的，至少你懂得思考以及思維，這就足以證明了，沒有必要花上九牛二虎之力去認識它存在，因為此時此刻你在思考，所以存在。

《慾》

每一個人，在人世上，都有他想要追求的人事物。都有著，他想得到的「慾求」。但是，我們是不是明白了？當我們想要的同時，對方是否也跟我們一樣，想要呢？我們出生於不同家庭與接觸不同的大環境，都有著不同環境下，成長的腦袋與經驗。我們必須明白，自身能為大眾，做些什麼事？任何事情，都是盡己之力。

我們都關愛著，我們所關心的人，而關心我們的人，也用他們的能力，在協助我們，我們得心存感恩的心。

今日，妳所面對的，並不是一個人的問題，或感情的問題，而是，你面對了，你自己的情關與情慾。愛情的力量與偉大，在於付出的同時無悔，如有任何悔恨，那又何來愛可言？你要明白，上天，給了人智慧，是期望，透過理性明智的自己，了悟更多自己的問題與提昇，我們不應該，讓自己沈悶於困境，而是擺脫困境。

天下之大，何處不為家。只要有愛，四方皆朋友。一段情感的流逝，最重要的是要我們學習，留住，自身更純真的自己，而不以因受到污染，而否定了自己。

在愛與被愛之中，我們應該更懂得關愛。關愛，我們所愛之人、家人、朋友以及愛我們的人，而原諒離開我們，或者不再愛我們的人。這些，方是學習之道，如能明白，此生才沒有白來。

《修》

心中無任何阻撓，用無私之愛去愛任何有形無形之體，想的通、看得透、說的明白，靜動皆宜無掛礙，屏除一切想法，獲得自由意識解脫。

你的心還在不在你自己身上？如果，你的心，還在你的身上，請把珍貴的真心，好好保存著。因為，當我去過問時，我會聽到，心在跳動。如果，你的心，還在你的身上，但心思經常走移，那麼，這顆心，缺少了思想，缺少了自主。這顆心的存在，會寂寞孤單。如此，你必須學習，專注於將心思，回歸於你的心。

怎麼樣才能算得上「回歸」呢？問問你的心，心能問嗎？可以。當你再度，喚醒了，那份熱血；了解了，別人的苦楚；明白了，別人的辛勞；懂得了，別人的感動；願意了，別人的恩情；你的心思，就會回到你的心。用你慈悲的力量，去渡化你的心，那就是一原諒自己，真心諒解它，化解它，為自己祈禱。那股力量，就是悲憫。它，會帶來正面，且有意義的，真章義理。大家，願意去，靜靜回想，靜靜傾聽，你的心嗎？

《談修行》

生活不需要有太沈重的方言，內心與表面若真誠一致，加上表達方式清楚明瞭，讓自己懂也讓別人明白，事情才會圓滿。

你心中之惑，來自於猜忌，魚在水裡游的如此自在，並不是因為牠生活在水的環境，而是牠願意在環境中改變自己的姿態，而讓牠更懂得在不同的水溫與環境中，贏得優勢與自在之百態。

先天的環境，固然無法選擇，而自在的人活的一樣自在，如此，後天的環境，又何必因為先天的個性而執著於改善或改變呢？修行者，更不應選擇環境來修行，而因修行之路必經坎坷而獲重生之果，走一天的路必留一天的汗水，這條路走過來，才值得！

靈性學子的啟蒙

靈性學子 文宜

我出身於一個平凡的小康家庭，從小阿嬤家就是虔誠的佛教徒，而爸媽對宗教神佛儀式的參與是在我出生後才開始有所接觸…出生時我總是哭個不停，媽媽說我是個難帶的孩子但在阿嬤家時總是安安靜靜的不哭也不鬧，聽見辦喪事時的聲音就會身體不舒服，爸媽只好在這樣的情況下帶著我去收驚…因此也才對神佛有所求助與相信…

打從我懂事開始就不喜歡說話，總是喜歡自己安靜的在角落做著自己的事或是望向遠方沉思，周遭的朋友和爸媽總是很擔心我太內向而常常去跟老師溝通或說明我的情況。接觸這裡之後我很喜歡聽羅奇說故事，聽著每一個我不曾想過的知識、觀念及事物，透過這樣的聆聽增加對事情想法，用心去思考每一件事情。當心裡有著萬般疑問或是抱怨時，羅奇會教導我們真理，幫助增長我們的智慧和思考能力，學會讓自己的心情恢復平靜，不久前遇到我高職的同學她跟我說她感

受到我漸漸變的開朗，在這裡也認識很多靈性學子，彼此一起成長，一起為了自己、家人和更多的朋友得到幫助努力著，讓我明白只要你願意就能夠改變，只要你願意就能跟隨神的教導使自身甚至朋友都能一同受到神的庇佑。

大學的某一年，因為朋友的帶領下接觸到羅奇，那是我第一次來到這裡，整個空間充滿著寧靜與祥和，而我帶點不安⋯

其實我是一個對於未來沒什麼規劃的人，日子過的再平凡不過了，起初是因為好奇以及單純一份想過的平平安安的念頭，羅奇說：「給自己一個變好的機會和開始試試看吧！」於是我便開始學習信仰使自己變好的過程，老實說一開始我根本一點都不覺得有什麼差別！就只是帶了一個信物而已，生活也沒有因此而有什麼大改變，直到有次的樓梯滑落事件讓我開始相信神對我的幫助和保佑。從這時開始我便對這裡有了依賴感和安心感，此後每每在我需要幫助的時候我便會對神祈禱希望祂能幫助我，而神總會在冥冥之中安排貴人幫助我度過眼前的難關，我相信即使是單純的堅持相信也能擁有信仰無限大的正面能量，神為我們照亮了道路，眷顧著信仰祂的人，讓他能在死後回到祂的歸屬地。

這讓我想到真理：「堅信信仰，並不是堅持的相信，就是堅信，而是，此信仰的本身，與我心靈、靈性所嚮往的相符合而堅信之。」我所深信的信仰不只是帶來心靈的平靜也是與自己所嚮往的當下及未來契合而堅定的跟著祂的教導走著，當自身開始變好時不用言語，周遭的人也會感受到，而這份轉變不只是改善了自身，也為周遭的人開啟了一條心的道路。

當我看到神像的慈悲容顏時，內心感到十分的寧靜安詳就像是可以讓你安心依靠的避風港般始終為你駐守著…當靈性學子的這些日子有句話不斷的在提醒自己：「平安是福，知足即富」用字淺顯但寓意深長，這是我們的處事態度也是我所追求的目標，聽起來容易做起來其實不然，因為這是一個多采多姿的世界每一個人、事、物都很有可能會去影響我們的慾望，而在不斷追求慾望的過程中我常常會忘了自己，忘了是神讓我擁有現在的生活，在我迷惘時提醒並教會我當我希望一切平順時那也是另一種慾望，追求中庸的慾望，而無論是好是壞的經歷都是我的智慧財富，不要怕做錯就怕沒得做，而我還在學習著這樣的一個境界…

這個令人心靈平靜的地方，引導著一顆顆不平靜的心找到屬於它的快樂和寧靜；帶領著每顆善良的心，不斷進步、成長。

以前在參與宗教信仰時並沒有特別的深入研究其經典及故事，加入靈性學子之後才漸漸的在研讀經典、真理，發現了許多我們可能都不曾留意的事情，裡頭總有許多對於現代社會的迷惘和人心的不安及空洞的感觸和啟發，在經典裡有一小段這樣說：「請出現在我們心中，去除我們的愚昧，使我們能憑藉您的仁慈，在這個物質世界裡為生存而掙扎時不再感到恐懼。」每天都在為生活打拼的人們生活在五光十色的社會中，天天都在接觸物質的誘惑，新的科技、新的流行不斷的追趕那表象所帶給我們短暫的滿足感但內心其實是空虛迷惘的，然而當我們接觸了靈魂的依靠港信仰了神，我們便能漸漸的不再依靠物質所帶來的短暫快樂，而是打從內心感到安定並知足的幸福！

靈性學子 永帆

自己出生在小康的家庭，在家排行老么，對於未來很茫然，自己一路上求學都很自由，父母親給我絕對的自由，常跟我說唸得來就唸，唸不來就做工作，以前的我都沒有宗教信仰，從無到有，非常可貴，人往往在一生尋尋覓覓，都未必會遇到自己想信仰或是願意付出心力的宗教，有了就要去維護、發揚。剛開始接觸是在父親逝世後的隔年12月中旬，以前的自己，對自己很沒有自信，而且自己不善言語，因此沉迷於線上遊戲的電玩世界，後來輾轉認識了在會館幫忙的靈性學子，透過靈性學子的介紹，也讓我認識了羅奇。

因為是新的宗教，所以很多人很少聽過，剛開始接觸，聆聽到一些真理，跟外面一些佛教所撰寫的一般典籍文書，略有不同，起初好奇覺得這個宗教很特別，所以想多去了解，看到靈性學子們都發心、發願，希望可以集眾人之願建造廟宇，因為場地太小，無法容納太多人，而我從加入靈性學子後，了解了這裡講求靈魂的自主性，並切斷以前的因果業報，每個人都不知道以前的自己的所作所為，卻要為前世負責，在今世受苦贖罪，很不公平、厚道，因此開創了這個新天地，靈魂有自主性，有選擇自己所要走的道路，並且有獨立思考的空間，而不是因果輪迴，靈魂沒有自主性，遵照六道輪迴的理論，一直輪迴無法解脫。

剛開始接觸這種新思維，一般人可能都無法接受，但是經歷一些事的過程，我深信人會改變的，自己起初也不相信，但是在工作上遇到很多次巧合的事情，讓我不由得相信有一股力量在幫助我，遇到不順遂的事情，到後來總會有貴人相助，事情得到妥善解決及改善。

剛開始的自己是有所求，而到後來感念神的慈悲大愛，自己成為靈性學子，希望可以幫助需要被幫助的人。而成為靈性學子的我，在心境上也有些許的改變，而我們也有彙整一些資料討論各個宗教與這裡之差別，並且了解各宗教派門的經典，而我們的經典中有提到一直以愛心侍奉神的人，神賜予他們理解力，使他們來到神的旁邊。而神的奉獻者根本無需為得到物質財富或解脫而努力。他只要處在做奉愛服務的超然狀態中，就會得到信奉宗教、經濟發展、從事功利性活動和追求解脫所能得到的一切利益。這更讓能夠擔任靈性學子的我，感到榮幸。也更對於現在一切平安順利的我，心懷感恩。縱使，生活中有一些小挫折，也因為神的恩澤慈悲，讓我順利的度過。文章中雖然沒有艱澀的詞彙，但越是大而化之，越不好懂，就像我們的真理，看似平淡無奇，但是仔細去去研讀思考，會發現其中的涵意。

讓我印象比較深刻是其中的一篇真理：「萬古千愁心惹禍，愁久生恨莫執意，行如水焉心開闊，隨修之心道先明。」，我個人的解讀是有再多的惆悵、悲傷都是心被傷而造成，但若是心中有恨的念頭別太執著，因為快樂過也是一天；不快樂過也是一天，與其不開心，何不放開心胸面對，就像路有筆直也有蜿蜒的，有時筆直的路並不一定是順遂，蜿蜒的小徑也不一定難走，何不轉個念頭去面對，走在山裡看著涓涓流下的溪水匯入湖裡，看著靜謐的湖水心就自然沉澱下來，心也開懷舒暢，雖有修法的心意，但有一些道理要先明白了解。而之前看報紙新聞，有很多情殺案件，往往缺乏溝通，而另一方又過於執著，放不下對方，而做出一些傷害對方的事，要是當下旁邊有朋友或家人陪伴規勸，也許念頭一轉，就不會做出傷人又不利己的錯事了。

現今的世界，宗教林立，各個宗教都有自己所祭拜的神，雖然大多數都勸人為善，多做好事，依照自己宗教的教條來規範教徒，人的一生也許會經歷許許多多、形形色色的宗教，人的一生庸庸碌碌的生活、工作，雖說物質富裕、生活富庶，但是在心靈、精神層面上卻是很空虛，那種感覺就像個無底洞，不是賺很多錢或是工作上有成就所能填補的，而是希望能在心靈、精神層面得到寧靜、歸依，並且開心的信仰自己的宗教，心情愉悅，自己所選擇的宗教，重點要跟自己心靈、精神上能契合，能在心靈上給予撫慰，並且透過宗教的經典、真理給予啟發智慧。

人的一生要找到一個適合自己的宗教不容易，有些人也許在一生的歲月中，未必能找尋到自己心中所嚮往的宗教，自己所幸透過靈性學子的引導，來到了這裡，接觸了羅奇，初次見到神像時，覺得祂不同於其他廟宇的神像，眉宇間散發著慈祥、莊重的氣息，並且讓人有一種很舒服的感覺，而透過羅奇及靈性學子詳細講解下，了解神濟世救人的精神，自己雖說不是很富有的人，但是我願意付出一己之力，雖是小而微不足道，但是我相信「千里之行，始於足下」，自己曾經發生過幾次車禍，所幸有神的保佑，都平安的渡過，所以自己也很感恩、感謝神，要是我沒踏出這一步，我也只是個自私的人，沒有為眾生著想，我自己平常的想法，覺得錢夠用就好了，因為人終究要死亡，錢財就像身外物，而身體就像一副皮囊，一把火就燃燒成灰，歸於塵土。自己沒有遠大的夢想或志向，真要說有的話，應該是希望在我有生之年，能幫助更多眾生接觸神，讓他們的問題都能得到改善，沈浸在神的福澤下。

靈性學子 秀婷

記得，小三時，某個夜晚。躺在床上，突然想到人死了要去那裡？那時的我尚年幼，沒接觸過相關宗教部份的範圍。想著想著，心裡好慌，不知死後要去，或是會去到那裡。心裡一急，突然淚就掉了下來。還被家人斥責：「快睡覺，不要想些有的沒有的。」一年紀漸長後，只記得小時曾有過那麼一個夜晚。

考取駕照後，有機會就會騎車去到處走走。除了貪看沿途上的美麗風景外，更會四處尋找廟宇參拜。也許，是心裡莫名地追尋著宗教。也許，是在尋找心靈的家。無論是沉浸在廟宇寧靜的氛圍，抑或是雕工繁雜漂亮的佛像，都深深地吸引著我。

二專時，因緣際會地接觸到了密宗。跟著師兄、師姐們的行程，追尋著上師的足跡，也學會了五體投地大禮，拿到了皈依碟。口中喃喃念著密傳的經咒，撫弄著佛珠。甚至也跟著去助念，親眼見到了大體就在我眼前，不可不謂之震憾。

說真的，那時我很快樂。身處在異鄉，內心卻覺安祥。畢業後，又是一個和宗教緣份的到來。很巧的，那時藉由朋友認識了羅奇。也在同時，接觸了這裡，我終於，可以很大聲的說：我找到家了！找到心靈的家！

在這裡，也有一個很奇妙的個人經驗。也許，那就叫做所謂的神蹟吧！接觸這裡之前，我總是有種很飄的感覺。彷彿自己不是站在地平面上，整個很不實在。後來，接觸羅奇後，相處後有很奇妙的感覺，但是又和平常不太一樣。後來才知道為何總是沒有歸屬感，總是覺得自己和周圍格格不入。在那當下，才第一次明白，什麼叫腳踏實地。那種飄飄然的感覺不見了，我真的是踩在地上，沒有飄浮的感覺，沒有腳不著地的感覺。那時，才知道自己沒有的腳踏實地感。這是一個很奇妙的經驗，發生在自己身上的。

在這裡沒有複雜的儀規與繁瑣的法會，就是很自然的融入生活裡。燃柱香，祈求今日的平安，也希望重視的人們平安。有空時，可以去廟裡幫忙。聆聽羅奇所講述的真理，是那麼淺顯又能做到的。孝順父母，多行善事。很多生活上的小細節，及不自覺的小毛病，都調正了過來。讓自己越來越好，也更明白自己能去做什麼。也在這裡，接觸到很多人事物。無形中，開拓了不少眼界。看著服務過的信徒們，臉上帶著的笑容，心裡也覺得很開心。來這裡幫忙，無形中也是為自己植福田。

在這裡當了數年的靈性學子，為神服務眾生，也讓我對神更加尊敬。在這之中研讀經典與真理，不自覺地也打開了自己的智慧，更明白許多道理。這些都在日常生活中慢慢培養出來的，並沒有很特意地去規範。同時，也讓父母覺得我變懂事了。

經典當中，藉由許多人與神的對話，來解開人對萬物的疑惑。也有人與人之間的對話，來幫助人提昇自己靈性，來接近神。並且用了淺顯的描述，來讓一般人明白為神服務及回歸到神身邊，是最好的安排。也詳細說明為何要為神作服務，和如何為神服務。一個個故事，一篇篇真理，令人進入一個更高層次的世界。也能更明白神如何創造、維繫、毀滅的力量。明白自己的渺小，才能以謙遜的心態來學習更多東西，珍惜現有的一切。

經典中有提到一段話：要做到注意力集中，就必須過禁慾生活，不墮落。人必須自願苦修，停止感官享樂；必須隨時控制自己的心智和感官，佈施、誠實、保持清潔、非暴力，遵守規範原則，有規律地吟誦、吟唱神的聖名。這樣，瞭解宗教原則的頭腦清醒的忠誠之人，就可以暫時清除他曾經用身體、話語和心念從事過的一切罪惡。這些罪惡恰似一根纏繞竹子而生的藤蔓，儘管蔓藤的葉子會被火燒毀，但根部一旦有機會就會立刻生長。

這讓我想到現今社會的亂象，不也都因這些原因而起的嗎？所謂野火燒不盡，春風吹又生。若是沒從根本下手徹底改過，一有機會見縫插針，一切又都會再重新來過，又是一個不好的循環。這話的意思是：不好的部份，就不要一再重覆，久了，多少會影響到自己良善的本性。

羅奇所講述的真理裡，有一個我自己很喜歡的，常常看著看著，又會湧起許多想法。真理是這麼說的：

淡茶香濃行道堅
步步為營且漫延
高泉石下見明性
根深柢固把道盡

而我的想法是：很多事往往看起來平凡不起眼，要堅持才能繼續下去。在繼續的過程裡，要想好每一步該怎麼去做，及其周遭相關的事物。事物的本質都在不起眼處，在微小的地方才更能明白其源頭。要把基礎穩固，才能走好這一條想走下去的路。

在這裡，學到了很多道理。在心裡，也很明白自己並不完美。藉由閱讀經典及聆聽真理，從中學習。期許能由此提昇自身智慧，並引以為戒。希望能提昇自身之靈性，在死後能回到神的身邊繼續學習。

靈性學子 佩真

身為家裡唯一女兒，又是長女，在家的立場充滿了矛盾。從小爸媽常掛在嘴邊說：「你是老大，要做榜樣給兩個弟弟看。」把我的標準提升不少，常常我追著他們的標準讓自己很累，累得無所適從，我怎麼做永遠當不了你們心中的好女兒。弟弟們受到的矚目永遠比我多，長輩們的重男輕女也展露無遺，偏偏他們卻要我當個好模範，做得好是應該，幫忙家事是應該，女孩子總是要做家事。女孩子、女孩子，我多恨自己是女生，處處被要求卻得不到父母的一聲稱讚。

從小就很敏感、愛哭，只是忘記什麼時候變成躲起來自己默默地承受。習慣了，也沒什麼。只是國小每天幾乎開心的我，一學期總有幾天是不說話，讓同學們擔憂。

國三那年，從小帶我長大的爺爺過世。爺爺原本是家裡的精神支柱，他的過世，這已經夠讓人難過許久，加上要面對聯考，心情真的很難調適。這一年是我人生重大轉折的一年，在這麼難過時候，父親外遇了。

父母親隱瞞著這件事情，直到有天母親在跟友人講電話哭訴時，我才知道。

更讓人難受的是，父親外遇對象是我國小同學的母親，她跟母親在同商場開店。

小孩子吧，在面對許多無力的事情，總把責任往身上攬，認為一切都是自己錯，當初我不該讓他們認識就不會如此，等等的念頭。

我開始不相信這世界，原本我相信的事情都是謊言建築而成，我認知的世界崩裂了。我開始恨自己，痛苦到拿著美工刀在自己手腕上割下傷痕，我好痛好痛，可是沒有人可以講，我好恨好恨自己，我的出現硬逼著他們結婚生下我。那些難受在我心頭漸漸長大，大到我心難以承受，必須依賴著割腕，看著血液流出身體時彷彿我的痛也隨之流出，唯有此刻，我的心才有一絲絲的救贖。

高中時有個同學因為有精神疾病休學，那時我意識到，我也跟他類似，嘗試看醫生，醫生說我有自殘傾向，屬於重度憂鬱症患者，需要服用藥物。服用藥物一段時間，我就停止了。因為藥只會關閉我的感官，讓我對四周感受稍微不那麼敏感，但關閉不了家庭對我的傷害，關不了母親想要控制我的慾望，關不了父親外遇的心。

許多年了，我跟著憂鬱面對面相處，時而開心時而憂傷時而崩潰時而歡笑。

在我以為我就這麼過這一生的時候，遇見了羅奇。第一次見面，記得他問我為何想要求守護神？

我回：「看可否改變自己吧。」

我只希望自己能夠盡量不受情緒擺布，除此之外工作、感情，我都相信自己能處理。不是求了守護神馬上就不情緒化，但有個陪伴的感覺不讓我像之前那麼孤單。在崩潰時，我的手總緊緊握著信物，邊哭邊說著救救我。我也不知道要救我什麼，很自然地求助，慢慢地崩潰後低迷的時間縮短。

長久以來不相信命運，我相信只要自己努力，都能得到。至於鬼神是抱持著寧可信其有不可信其無的心態，反正只要自己對得起良心，就沒什麼好怕的。而命運，我想是有老天爺在，只是這麼多的宗教，我選擇都相信也都不信，因為我從沒感受到被幫助。

認識羅奇後，我才體會到什麼是幫助。

羅奇有天告訴我，守護神是神派來保護祂的孩子們，而他要走出來找個場地，要讓更多的人能夠得到神的庇祐。

從接觸這裡起，一路上歷經了分手，好友自殺離開人世，一次一次我的情緒起伏緩緩地平順，不像以前起伏擺盪劇烈，且能夠較客觀冷靜處理面對。

在處理好友的身後事時，需要一張照片當遺照用，來到他的住處，進入他自殺的房間，迎面而來的屍臭味，床上遺留著他的血跡，是他在世最後的證據，我看到他手機最後一通撥出去的電話號碼，他想跟對方在一起，對方害怕會被他的黑暗漩渦吞噬，所以拒絕了，也成為壓死他的最後一根稻草。找到照片後，稍微在他住處待了一會，突然發現死亡原來是件很容易的事，活著需要勇氣。

他是獨子，父母只有他這個孩子，從做七到告別式，每一場我都參加陪他父母，在他們身邊，看著他們傷心欲絕，孩子死了是父母最深最傷最難以撫平的痛，陪伴著他們，我失去的是一個好友，這樣的痛比不上他們喪子之痛。從此我更重視活的每一天，跟人相處的每一個當下，人生充滿意外，下一次見面不知道是何時或可否再見。

感謝神讓我經歷這事情，看過他父母的難過，我開始對父母慢慢地學著理解，而父母也有他們自己的際遇，改變不少他們原本態度跟想法，從以前的無法相處，到現在能夠彼此對話相處在同一個空間，這根本的事情，若不是神的安排，決不是我或任何一個個體可以改變。

第一次被神撼動，打從生命底層撼動。原來我的轉變是神蹟。

因為被撼動，想更知道更多關於這裡的資訊，於是開始常常上網站跟部落格，部落格有放不少真理，常常受益匪淺，有句真理讓我最受衝擊：「山之所以高，卻不離地；海之所以廣，亦不忘深；心之所以受用，仍智慧之所致；俗世皆是磨練，而不損傷自己。」

因為自己太過於敏感，容易被他人的話語或舉止影響，第一次閱讀到這段真理時，才明白，原來自己的心要自己保護，不能依靠其他人，而所有會帶來傷害的事情，都是為了讓自己更加保護自己的心，不是因為傷害的事情，就退縮害怕甚至恐懼。正視每一段際遇，從中挖掘這段際遇帶來的經驗，累積出專屬於自己的智慧，才不枉來人間這一趟。

接觸經典是另一場豐富靈魂的旅途的開始，訝異著原來宗教是可以用理性合乎邏輯的方式去談論。印象最深刻在讀到「人通過履行自己的規定職責，不帶錯誤的自我意識，以不執著、不認為自己擁有什麼的心態做事，就會憑完全淨化了的意識穩處在自我的原本狀態中。他靠這樣履行所謂的物質責任，很容易就可以進入神的王國。」

原來修行，不見得須要放下世俗的工作，割捨跟世俗的牽絆才算是修行。投身奉愛服務者，會在自己的人生中做好自己的本分，因為他們了解到每一件事都有神的規則。按照神的規則進行，不認為物質生活的一切是真實擁有，唯一擁有的是靈性的快樂。於是對於純粹奉獻者而言，專心的為神奉愛服務，自然能夠在知識、超脫及覺悟中取得進步，不受物質生活影響。

這一切對從高中時期沉溺在西方哲學中的我，有著許多衝擊跟新的體悟。高中時篤定著信奉著無神論，上了大學，接觸到許許多多宗教的友人們，還有相關科系及論文時，總思索且懷疑著為何大多台灣的信仰價值是建立在契約關係上？哪間廟宇的神靈驗趕緊拜一拜，哪邊的人潮多跟著拜準沒錯，如果再加上能發財偏財的話更是趨之若鶩。人跟神的連結得如此的物質嗎？人崇拜神應該是有著更形而上的動力，無奈當時的我沒有接觸到這裡，對於信仰始終抱持著尊重但謝謝再連絡的態度。

在羅奇的指導下，慢慢的，我學會了向神禱告。神的力量是充滿周圍，且難以用言語形容是多麼的偉大跟動容。沒有大起大落的事件，但仔細觀察生活總充滿著小幸運。在迷惘的時候，剛好有人能點出自身的盲處；在黑暗的時候，總剛好有道陽光指引著方向。套朋友說的話：如果要把這麼多巧合的事情用機率去解釋，這太困難了，除了神沒有別的解釋好說明。

因為心裡有了神的存在，懂得世界上沒有一件事情是完全靠自己完成的，也沒有任何事情是理所當然的存在。譬如父母的愛，不該因為他們愛護我們，就恣意任性，或許他們給予的不見得是符合子女期望，抱著感恩的心，本來會發生衝突的狀況，在轉念後，人會懂得退讓跟謙卑，明白到他們的苦心。當心中有著感恩之心，世界也變得友善。

慢慢地，我成為靈性學子，神的慈悲改變了我的人生，我能回報給神的只有讓更多的人感受祂的慈悲，能因為接近神，生命變得更順遂、平安。

真理是神的智慧，每隔一段時間重新翻閱，總有不同的體悟，也更看清楚追求慾望只會讓自己空虛，精神的滿足、靈魂的依歸才是真正讓自己飽滿的快樂。

在信仰神後，最重要的是—我開始愛自己了。從一個恨自己的人，慢慢地接受自己到愛自己，接受自己好的跟壞的，認識自己看清自己，慢慢地學會跟自己相處和愛自己。打從心擁抱著自己的過去所有不愉快跟痛苦，不抹滅所有，因為這是我，也成就現在的我。沒有什麼不能過去也沒有什麼事情是不可能發生。

終於我找到了，靈魂一輩子的家，一輩子不變的依靠。

靈性學子 怡靜

出生在小康家，家裡只有我一個小孩，但是自小叔叔伯伯姑姑們都會定期的聚會，所以，也算是在和樂的大家庭當中長大！雖然爺爺奶奶覺得要男孩子才可以傳終接代，但是，卻也只有一個內孫是男孩子！加上，爺爺奶奶本身並沒有重男輕女的觀念，姑姑在父執輩當中也是備受愛護。在這樣的環境下，父母為了避免我有獨生小孩的驕縱惡習，對我採取較獨立性的教育，相對的也給了我較多的選擇判斷機會，在家族聚會中，大家也樂於分享彼此的經驗與想法。

然而，在大家族中，免不了會有「比較」的問題存在，因此，除了父母的期望，對自己的要求也不輕鬆！年紀小的時候，常常只是為了爭一口氣而給自己很大的壓力；長大後才漸漸明白，其實生活很簡單，不須要讓自己這麼辛苦！

接觸羅奇，是一個很奇妙的緣分，但是，也很自然。第一次見面，約在咖啡廳門口，一如往常的直覺，莫名的，我就是感覺到，那個人就是羅奇。

開始當然會有疑慮但是秉持著一貫「既來之則安之」的想法就一路到現在。在國外的兩年半，也沒有中斷過，回台灣前，就先排約，離台前，再排一次。

出國唸書，是我想要的，感謝神的庇佑，讓我遇上了對我非常好的阿姨與姨丈一家人，有他們的引導，我漸漸的瞭解這個陌生的環境，慢慢的融入美國人的生活，在美國，我有了另一個家，節慶過年也有了溫暖，少了異鄉孤子的惆悵，多了探詢新世界的熱情！

然而，終究還是異鄉孤子，難免會有自己鑽牛角尖的時候，少了每個月跟羅奇諮詢的機會，這樣該如何是好呢？就在這時，羅奇跟我說部落格開張了！上面會放一些真理，有機會可以多看真理開智慧！就這樣，我開始會去部落格讀真理，也開始等待每一次的文章更新，偶爾有所感觸的時候，就把感想寫在自己的部落格與朋友們分享。

在美國，免不了會接觸到基督教文化，尤其阿姨一家又是教徒，在外甥的受洗典禮，我第一次見識到「週日做禮拜」的活動，抱著湊熱鬧的心情，我認識到了做禮拜的流程，也想著，在一個早上的活動，那些教會的志工人員，要花多少的前置作業時間，如果不是有對信仰的堅持與熱情，是無法持續長久的！

那天的活動，對我來說是「家族聚會」，但是，當活動進行到唱聖歌的時候，莫名的，在盛夏不斷的打顫，感覺有兩股力量在我的心窩不斷的抗衡，我握著胸口的信物，在心裡開始默唸六字真言，一直到那莫名的寒顫過去，身旁歡聲雷動的聖歌也剛好結束。這是第一次，我感受到神的力量。

回台後的第一年，二〇〇八年的中秋節，颱風肆虐台灣很嚴重，蘭陽平原頓時成了一片水鄉澤國，家裡，也免不了遭殃，強大的風雨，窗戶滲水讓室內也淹水了，在想辦法對抗落地窗的時候，突然一個念頭，讓我離開了那扇窗，轉頭走向房門外，經過衣櫃時，想找大毛巾沒找到，急忙之下，也沒隨手關起來就往房間外走去！突然之間，一聲巨響，身後的落地窗破了！強大的風力，不僅將落地窗吹破，也將衣櫃的門吹斷，挾帶著房門，往我身後衝過來！這時的我，剛好拐出房門口，兩扇門挾帶著無數的碎玻璃，從我腳跟後衝到對門的牆上！

在房內的外公，被飛濺的碎玻璃刺傷，房外的我，毫髮無傷！一連串的動作，發生在三十秒內！只要我有任何一絲一毫的遲疑，非死即傷！之後，我坐在自己房間的床上，手中握著玉佩，不斷的默唸六字真言，祈禱著颱風快點平靜。

那年的風災新聞，有一則死亡就是因為落地窗破裂造成的！感謝神的眷顧，讓我毫髮無傷的度過最接近死亡的一次！

生活，似乎就是這樣子繼續下去。

就在某次跟羅奇諮詢的日子，一見面，羅奇就跟我說：「這將是你這輩子最後一次這樣子跟我諮詢了！今天以後，你將成為靈性學子，靈性學子該做甚麼事情以後你就會漸漸明白！有問題嗎？」就這樣子，我開始了靈性學子的生活！從一開始的茫然，到現在將這裡的一切漸漸的與生活結合，慢慢的懂得怎麼樣跟別人分享對於神的信念進而幫助更多的人！

參加靈性學子每個月的座談會，開始接受羅奇的指導，一開始接觸到第一手資訊的真理，心情令人雀躍！現在，慢慢的，開始研讀經典，剛開始，那些文字是文字，讀完之後我還是我，可是就像羅奇說的，讀一遍不懂就在讀第二遍，一直到讀懂，所以就算第一遍沒看懂我還是強迫自己不能因此停下腳步，要繼續向前邁進，再回過頭讀第二遍…說也奇妙，每次抽到要閱讀分享的部分，都恰好能夠解答我那段時間遇到的疑惑，讓我能夠適時的調整心境！

經典當中提到：人必須停止生死輪迴，回歸家園，回到神的身邊。

這讓我想到，幾乎每個人，不論是哪種信仰，從小就知道地獄是痛苦的，只有上天堂跟神在一起才是幸福的。所以，我們總是希望自己能夠做好，希望神可以愛我們，在死後帶我們上天堂。信仰神的人，遵從神的指引過生活，就可以離開不停的輪迴，在肉體灰滅後，回到神的國度！真希望身邊的人，都能夠有這樣的信仰依規，不要再受世間的輪迴痛苦了！擔任靈性學子的工作，讓我開始學習可以怎麼樣幫助其他人接近神，希望大家都能夠在神的引導下，回到真正的家園（天堂）。

真理當中，有一段話是這樣子說的：

放下不是最困難的事
而是從放下之後能在拾取
那才是真實面對自己
面對回憶才能拾回憶
擁有回憶是可貴的珍寶
一個人能面對的就是生命中留下的刻痕

每當我在夜深人靜時，回想起自己年少輕狂的來時路，這段真理，總是能鼓勵我勇敢面對自己的曾經，坦然的接受自己無知的一面，並記取教訓，提醒自己在未來不要再犯同樣的錯誤。

真理，讓我在思緒渾沌的時候能更透徹清楚，在朋友陷入迷惘時，我也會與他們分享，希望讓他們能夠從迷霧中找到生命的出路！

這些年來，閉眼虔誠的向神禱告，有驚無險的，讓我度過許多危難與危機，感謝神，在成長的過程中，神眷顧著我，讓許多困難化險為夷；感謝神幫我覓得良緣，達成了我許多的願望，希望更多人能夠領略神的好！

靈性學子 信欽

小時候，曾聽祖父說起，我們家族在清末民初的年代，是從事南北雜貨及水果進口貿易的「黃福記」商行，有船隊來往於竹南港、福建、日本。因產業管理不當…等原因，導致家道中落。幸好，祖父留學日本，回台後在竹南鎮公所上班，生活不致於過不去。

母親為了讓我對於工作賺錢很辛苦有所體認，就這樣我小學四年級的時候跟妹妹被要求，在鄰居的紙錢工廠幫忙製作「金銀錢」賺錢。從小學、國中、高職、專科都在苗栗縣這塊土地成長。當兵後想幫母親分擔房貸壓力，而決定簽下三年半憲兵志願役軍官，卻在做了這個決定後沒幾天，母親因氣喘發作而逝世。在苗栗憲兵調查組當憲兵官，退伍後就進入新竹科學園區工作、結婚生子。

我在二〇〇六年11月份初，無意間遇到多年來失去聯絡的好友。那個月是我壓力非常大的時刻，正面臨了投資創業與辭去工作的重大抉擇。思考這個決定，到底對或不對？萬一失敗了，我要怎麼辦？還有每個月的房貸要繳，更別說養育兩位孩子…的壓力。某一晚，我突然在睡覺時驚醒，看到奇怪的白影，讓我那一陣子睡眠狀況很糟糕。當好友知道我的情形後，她告訴她認識一位大師，可以幫我排約諮詢。某一天的星期天我正好上台北去參加一場傳直銷的訓練會議，結束後的時間剛好可以排上，好友於是介紹羅奇，幫我安排了改變我命運的諮詢。

那一晚，我們在台北火車站碰面，坐了捷運到永安市場站，走了15分鐘左右的路程，到了「羅奇」工作室，開始諮詢時，羅奇他對我教導了第一堂課，我拿到入會表格，看都沒有看就直接簽名寫資料。寫到一半，他開玩笑對我說你剛才簽了賣身契了，以後要簽任何東西要一個字一個字把它看清楚，你明白了嗎？一個小時的諮詢過程，他好像是陪伴我多年的知心好友，我的積壓許久的壓力全宣洩了！我哭了！很高興有人懂我，整個過程不像是算命，什麼事不用說，他都知道。最後，他給了一個明確的指示，「你明天回到公司，馬上跟你老闆就不辭職了，如果明天沒有馬上照做，出了什麼事你自行負責！」。

這個緣份，讓我與羅奇從此維繫在一起，會那麼依賴羅奇，是真的獲得他的幫助。整個過程像中醫在治療病症，很少採取下猛藥的方式。「一個人要變好，不是馬上可以做到，一定是循序漸進來進行」。

接觸了半年左右，我只知道載「信物」、點香、吃早齋。在二〇〇七年9月左右，靈性學子告知這裡要發起百人發願吃素的活動，在羅奇及靈性學子們的努力下，「緣真會館」正式於11月對外開放，讓更多人可以前來祈求平安。在還沒有成為靈性學子之前，會撥空帶領幾位親友到會館上香祈福，受到神的庇佑，讓他們及時受到幫助，避免走上人生絕路。

二〇〇九年8月成為了靈性學子之前，或者說還沒接觸到羅奇之前，我的人生際遇充滿挫折及不順遂。在開始載「信物」、點香、吃早齋後，整個際遇變順利了，很多奇妙的巧合不斷地發生，好像神已經幫你安排好了一切。我開始產生了感恩之心，以及盡一己之力幫神從事奉愛服務，用更寬廣的視野去看更多事物發生。

從小跟祖父去教堂，還有因為親戚的關係，有緣份接觸一些宗教，但從來沒去做任何更深入了解。成為靈性學子後，每個月座談會就有機會，可以聆聽到一些真理或故事。在開始研讀經典之後，才明白原來宇宙是如何創造的，靈魂是自主的、神的慈悲、什麼是讚美神……等知識。讓我開了眼界，原來還有那麼多可以學習的事物。

有一篇真理讓我有很強烈的感受：「唯一讓此生不抱遺憾的方式，就是時時刻刻面對自己的人生。也尊重別人的功課，才能帶來共修法則。你愛你所愛的，你會得到愛。你恨你所恨的，你會得到恨。」當人們用「寬容待我，因此改變了我」，小時候的我用正面心態去面對錯誤。如今，我也以相同的方式來教育我的子女，避免人生課題上的嚴重偏差。要是小時候的我被送去警局或是以報復心態去做更多偷竊，就不會有現在坐電腦前，把這些往事打成文章跟眾人分享。人生許多課題愛恨一念間，你選擇面對或逃避，往往決定了你的未來路。

人們會問，為什麼我會那麼樣一直要去「一直講」想要幫助人？因為，我被幫助了，改變了際遇。所以，我單純只是想要讓你受到幫忙。

靈性學子 冠儀

出生在一個天主教家庭，家裡常常有神父、修女來拜訪，寒暑假都是在教堂的道理班中渡過的，從幼稚園一直到國中，唸的都是天主教學校，國小就受洗、堅振了，該會的儀式禮儀都懂，近三十年來，都未曾懷疑過「神」的存在，但從何時起不再去教堂了？忘了！母親常唸我，都不去教堂，每年的宗親聚會，遇到擔任神職的阿姨，她每次問：有沒有上教堂禱告啊？我總是笑笑回：有空會去。

回想戴起信物最初始的源頭，只是想幫一個可愛的妹妹圓她的心願：為神建一座廟。當小妹子親自將信物送到家裡時，嘴裡客套著：「幹嘛這麼費心還特地跑這一趟。」心裡其實非常的感動，能感受到信物對這個宗教的重要性還有他們對我的關心，雖說如此，其實剛開始也不是天天戴，都丟在一個小包包裡，裡面每個都是大家的關心：有十字架、玉、天珠，這個小包包因為這些關心還蠻有份量的。當時只是把這些關心當飾品載著，也忘了從何時起，信物天天的戴在身上，到成為一種習慣而不自知，有一次不慎因更衣時跟著衣服一起御下，急的像熱鍋上的螞蟻般四處尋找，卻未曾想過從小包包裡拿另一顆來替代。

第一次接觸這裡，好溫暖的地方；第一次見到神的雕像，慈祥的面容打由心裡有一種莫名的感動；第一次見到羅奇，酷酷的痞子！坐下來跟他聊天後，很驚訝他的談吐風趣幽默又有股淡淡的溫柔穩重，不知不覺跟他聊了許多。之後，偶爾會到會館喝茶跟靈性學子們聊天，但始終對羅奇抱持著敬而遠之的態度，有一種感覺，他知道我心裡最深處所封閉的那間房，他就是能一眼看穿但又不說。漸漸的，我開始想正視我最不願面對但卻最想知道的問題，跟羅奇排了第一次的諮詢，那次，是我十多年來第一次如此全然釋放的面對另一個人落淚，不是在好友、伴侶、父母面前，而是在羅奇面前，我打開了封閉近二十年的心門，走進去並面對。好多好多的第一次到現在仍深深刻劃在腦海中。

如果你問我有什麼變化？我只能回你：用「心」去聽。以前當我遇到困難時，會一個人悶在角落的想解決之道，不開心時，就買個幾杯咖啡、幾包煙的狂加班，累了，就抱著兒女倒頭就睡，說是陪他們睡，通常是我睡著了後任他們玩的天崩地裂我依然不為所動。心，只感覺到它的心跳！

初次感覺心會說話，是小妹子搬家時，送她的那盆開運竹。挑了盆大小剛好能放在機車前踏區的盆栽，準備結帳時，聽到「心」在說：等等，再往裡面看看。當時我還四處張望是誰在說話，一直到老闆娘看我的樣子怪怪的，我才放下手上的盆栽，問了老闆娘有沒有其它的可以選擇，老闆娘領著我，再往裡面走去，還有另一個工作區，檯子上放的是客人或廠商指定的款式，每一盆的紮工和盆花都各有特色，明顯的跟門口擺設的就不太一樣，就唯獨對那盆特別有感覺，「心」說：就是它，就是它。當盆栽送到了她的桌上時，她說：咦！跟會館的一模一樣耶！當時楞了一下，下意識的摸了摸胸口的信物，看著神的掛像：喂，別嚇我！是祢叫我挑這盆的嗎？

那次之後，常常聽到「心話」，讓我不覺的孤單，就像有支溫柔的手，當我難過時，幫我拭去眼淚；當我憤怒時，撫平我的怒氣；當我迷罔時，指點我方向；當我害怕時，牽引我跨越障礙；真理有云：心誠則意明，情義思中緒，思緒道中義，一切由心起，由心滅；心會聽你說，你有試著聽心說話嗎？

開始供奉神後，也慢慢的改變了生活習慣，以前不開心時，會用工作、加班來忘卻煩悶，同時也忘了我還有個家；現在只要有不開心，就會捧著一杯咖啡，坐在露台上，看著天上繁星、高速公路上的車流，不遠處的河岸倒影，想著一篇篇的真理，面對自己，釋放情緒，有一篇是這麼說的：「求者是因成是果，化開心思方成過，走是一步路寬闊，願赴今生償願心。」一路走來，我的家人，我的朋友，從排斥、拒絕，到他們看到了我的改變，漸漸接受了我的宗教信仰。有些改變，在他們眼裡那是奇蹟，我跟他們說，只有不幸的人才會祈求神蹟，當你開始傾聽你的心在說的話，前閉眼虔誠的向神禱告時，祂就會引領著走向平安幸福的方向。

在羅奇的指導下，開始閱讀經典，一開始看到一堆冗長又繞舌的人名、地名，還有龐大的家族介紹，實在很難再閱讀下去，經過羅奇耐心的引導、解釋，慢慢能定下心來看著這套數千年前神所傳授的智慧典籍，常常一遍又一遍的重覆翻閱著，早忘了一開始曾是那麼的排斥閱讀它，有這麼一段說到：「在時間影響下，人人都得放棄自己最重視的生命，更不用說財產、名聲、子女、土地、家庭等等了。」一如此簡單明瞭的智慧，接觸這裡之前，我不是也是愚昧到以為生活只有工作嗎？千百年來有多少人汲汲營營名聲與財富，腿一伸，眼一閉，人生就這麼過了，能帶走什麼？在母親開設的安養院裡常常看到老人家生前子女不聞不問，老人家去世後，留下千萬家財，子女間為爭產彼此間劍拔弩張的情況，財富，可以帶來生活的便利與舒適，卻也讓人因此而深陷物質的迷惑旋渦中。貪圖安逸卻也花更多心力與時間去追尋財富以滿足多餘的物質慾望，夠用就好，不貪，就不會因為貪念而被騙，不貪，就不會為追求財富而看不到更多美好的事物。

一個人，一生會遇到很多朋友，要遇到一位能夠在心靈上相通、相互瞭解的知己很難，要尋得一個能真正引領自己的宗教更難，一開始羅奇因為我原先的宗教背景，接受我用鞠躬替代上香，在閒聊中，他不著痕跡的開導我，直到我自願在神的面前上起那一柱香，在每次與羅奇閒聊中，關始瞭解這裡的由來與一些我們耳熟能詳的歷史典故，自己也深切感受到神的慈悲：女兒出生時即為敏感體質，容易因為一點小感染就要前往急診室報到，在急診室等待的時候，抱著女兒向神禱告，天上神明保佑，多次都在醫生宣佈住院前症狀即開始減輕，康復的情況也比同年齡的孩子快許多。生活中有許許多多的「巧合」，讓我在踏入危機前總是會有一些小插曲稍為的駐留一下，危機即從眼前經過而未身陷其中。因為深切感受到神濟世救人的慈悲，也希望自己這一點點的微薄之力，能幫助更多人受到神的恩澤與庇佑。

靈性學子 家豪

這是我充滿回憶的家；父親、母親、姊姊與我。我的姊姊從小到大都是學校老師口中的好學生，雖然偶爾瞻前不顧後，但在家也是個孝順父母的好女兒。我的父親總是嘴上說他不信神，說那都是騙人的，但是他會去求發財金，會拜土地公，會祭祀祖先，會做傳統的那一套，有點矛盾……或許他只信財神吧？

雖然父親脾氣不好，卻是個非常努力、白手起家的一家之主。我媽媽會煮很多美味的東西，會照顧全家的健康，賢慧且任勞任怨，對街坊鄰居也非常隨和，就像鄉土劇裡那種隔壁的太太差不多，一旦讓她開始聊天，總是沒完沒了。我們曾經在台北市區有房子，在老家有十幾人的工廠，對朋友也夠義氣，在家族、朋友間幾乎走到哪都受歡迎。而我，就是在這種環境下長大，不成材的兒子。爸媽給我印象最深的碎碎唸就是：「不知道書是怎麼唸的，離家最近的通通考不上。」

生意上一次的錯估實力，拖垮了公司也拖垮了爸爸自己，自信與名譽反而在這時候害了他，因為到哪借錢都沒問題。然而沒問題就是有問題的開始，越來越大的雪球，最終推倒了骨牌；親朋好友、黑道、白道都上門「關心」……房子必須賣了、員工走了、公司快倒了，錢沒了、親人就變仇人了、朋友就變沒義氣了，這樣迅速的天堂落入地獄，幾乎讓母親無法承受。少了員工，就會影響工作，接不到單、惡性循環，睡也不是、不睡也不是，眼睛閉上腦子裡都是債務，張開眼睛也還是債務，一張張到期的支票，讓他們沒有活下去的動力，看不到明天。很明顯的，我並沒有遺傳到父母親克勤克儉、努力打拼的精神，無能為力的我甚至不知道自己能為他們做些什麼，在一旁乾著急。

一次的機會，透過靈性學子的介紹，我來到這裡求助於神，請祂幫幫我們脫離這樣的困境，因為面對這樣的問題，哪怕是一家人的力量都顯得渺小且有限。我照著羅奇的指示去做，家中的處境漸漸有了改善，正因為漸漸有了改善，我也曾不聽羅奇的勸阻，因為是家人的要求所以我照做，結局果然是肉包子打狗有去無回，當初家人的信誓旦旦，成了要不回的諾言。雖然相較之下我的損失只是九牛一毛，但是內心的打擊卻不是三言兩語能一筆勾銷的。

一而再，再而三的不聽話，換來的只是一次次的被欺騙與失敗，我逃避最終的問題：自己的不聽話，反而質疑神為何會讓我如此。但這些被騙與失敗也化解了我內心的疑慮，更加確信了，神，祂不會騙我；即使我是這樣的不聽勸，羅奇也還是不斷的苦口婆心告訴我，正確的路該怎麼走，沒有放棄我。不是為了上天堂，也不是為了賺更多的錢，只是單純的覺得，神這樣的幫我，我是不是也應該為祂做點什麼？只是當時沒想到，在我這麼做的時候，才是祂更加照顧我的開始。事後的發覺醒悟，總是更加令人崇拜。

我佩服為神做事的人，他們花費自己的時間與金錢，只為了讓其他人在這世間能更容易接觸到神。而我也因為景仰祂，開始了學習為祂服務的生活，期望有緣人能夠不要像我一樣跌跌撞撞的繞了一大圈，才接觸到真神。

我對羅奇的印象是從我們聊天開始；幾番寒喧之後，我娓娓道出家中的狀況，友人在旁又在聽了一遍曾經聽過的話，最後你給了我一小包禮物要我回家時將它放入指定的位置，縱使我只是抱持寧可信其有的心態……如果僅需這樣的動作。畢竟，沒有看過自己母親哭的那樣傷心的人，可能無法想像我當時的絕望與無力今後該怎麼辦？這是那陣子我最常問自己的問題。

說也奇怪，在這之後父母親的生意確實明顯的漸漸好轉，雖然不是所有問題都解決，但是最少已經是能生活下去的狀態……愛面子的老爸依舊不信邪，認為是他努力的成果，老媽雖然也是半信半疑，但卻抱持著感恩的心；而我，得到了結論：神是真的，祂真的能幫我！

之後他的陸續幫忙又是另一番話了，不敢想像當時沒有受到幫忙的話……會不會舉家燒炭呢？搞不好有可能歐。

感謝你，羅奇讓我們家還能走下去。

老實說羅奇對我們真的很好，但是畢竟我還是人難免會覺得為什麼羅奇可以這樣機車，偏偏只要是人，就只有僅少數能夠循循「善」誘就回歸正途的。叫你不要做，就是會自己找個理由，解釋給自己聽。規矩就是定在那，以為沒人說、沒人告知，即使自己知道也當作沒有，等到你用很機車的方式來問我，才在心中悄悄說：你這樣做，我真的很想轉身離開，可以不要這樣我也會聽。但是……真的會聽嗎？現在想想，未必。

不做就不做何必搞的雙方都不愉快……雖然你沒有說不可以做，還很哀怨的說：快樂就好大家繼續。但是只要是人都聽的出來你話中的真意；而我，心不甘情不願的照著你的真意去做。

漸漸的成了自然，逐漸的成為理所當然，雖然有犧牲，但在沒有強迫下我還是持續這麼做，雖然不知道是不是這樣的關係，但是我覺得有些東西在以前可能會變的很麻煩的事情都迎刃而解，有些曾經想過的物品都會出現，是別人拿出共用來也好，是自己發現買下來也好，或是別人幫忙也好，不知不覺間都增添了幾分順暢。毫無依據的我當他因為如此而持續。

偶爾回想起那天，想到你可能已經接觸過幾百個比我還要賴皮的人，疲憊難免，情緒難免，背負著很多很重要、雜七雜八、因我們而起或是我們不知道的事，也在所難免；更思考，其實這一切只要我原本照著規矩走都將不會發生；這，也許真的是我自找的。雖然永生難忘但也漸漸釋懷，去思考、去理解、去關心，你我所在的這個地方。

雖然，惱羞成怒的覺悟比起一般的信念來的強烈，但增添了幾分未知的風險。適度的機車有時能讓人反省，套一句我朋友的口頭禪：「反對的背後就是信賴」

談及信仰，我認為，信仰是一種觀念。對神，那是一種信服、崇拜與尊敬。

很少人是一開始就能相信那些看不見的靈體之類的存在，最少我不是；看不見嘛，你說祂在那裡，我怎知道是真是假？現在世道這麼險惡，我怎知道你沒有騙我？這些我也曾經想過，很多我們在想的東西八九都不離十，但是會笑那些被神棍騙的人，都是還不曾走到絕路的；當人快要死了，活像隻熱鍋上的螞蟻時，說什麼你都會寧可信其有，五萬、十萬反正死了就用不到啦，還不趕快試看看，不用花錢還當做沒效果，週遭的很多人就是用這種心態去信，急病才亂投醫，會被拐不是沒有原因。

然而經過接觸，我有感而發，有求於神並沒有錯，但重點在我們是不是真心求助；很多人對待朋友都會互相，你對我好，我就對你好。很多人對家人都是無私奉獻，只要你是我家人無論如何我都會幫你；但是很多人對神卻是像對雜貨店的老闆，召之即來，揮之即去，跟祂「買」到東西轉身就走，忘記了祂所給的東西是朋友、家人，都給不了你，忘了當時自己的處境，忘了就算拿出比現在多幾倍的付出，沒有祂的幫忙自己還是不可能得到；祂要的豈是這些表面的金錢，而是我們對祂的真心，對祂的崇拜與讚美，為祂所做的事，用比朋友更親，比家人更親的心態為祂服務，才是神想要的。

就像真理所言一般：「山之所以高，卻不離地；海之所以廣，亦不忘深；心之所以受用，仍智慧之所致；俗世皆是磨練，而不損傷自己」

恭敬向神學習的人自然能獲得智慧的累積，而擁有足夠智慧的人，就算遇到什麼大事都能以平常心面對，迎刃而解。不要忘了人生所遭遇的，都是磨練與學習，別讓這些際遇污染了自己的靈魂。也恰如經典所提：每一位博學之人都清楚，對靈性的靈魂來說，依戀物質是最大的束縛。但如果把那同一種依戀用來依戀覺悟了自我的奉獻者，解脫的大門就敞開了。且人一但覺悟了自我，就會變得快樂，不再受物質自然的影響，不再悲傷和渴求。

曾經遇到過抱怨老天爺為什麼這樣對他與他生病家人的朋友。我帶著他接觸羅奇，當羅奇允諾會協助他之後，他卻推托說家人不讓他吃早齋、他們家是佛教、不想改變他吃肉的生活…等等奇妙的理由。微妙的信仰，取決於自己的信念；行動，似乎正決定了所謂的命運。不然就算神真的走到了自己面前，我們也會拒絕祂的幫助，繼續抱怨，抱怨為什麼要吃素？祈求的是人、抱怨的也是人；付出的是人、懶惰的也是人；公平的是神、覺得不公平的只有人。

語言，是最初而短暫的感動；實踐，才會留在內心的最深處。真理，不拖泥帶水，只有正確的訊息。行動，才是神總是在示範的。接觸這裡後，我了解到自己的問題：懶惰與自私。我們都知道說很容易做很難，要做的無私更難。所以才更要去做，但實際上我們經常終究還是只出一張嘴。活了這麼多年，我現在才開始正視自己的問題。因此只要我能力所及，就會努力自己完成，能力所不及，我也會嘗試去完成，被罵也很正常，畢竟沒有事情是一開始就會的，而這正是神所教導我改變的開始。

但是祂也沒有讓我孤立無援，給了我一群好朋友，一群好同事，讓能力差、記憶弱的我在遇到困難時不會不知所措，欲哭無淚時還有人來關心。幾乎任何時候遇到問題去問他們，都會耐心聽我敘述並且教我對策，雖然遇到的問題很多，我還有得學，但是這麼好的學習支援，不是人人都遇得到的。

最近，我發現自己漸漸的可以幫助其他人。他們會來問我，我把我會的都告訴他們，也剛好解決了一些問題，這可是以前的我所想像不到的世界。感謝神，讓我漸漸獲得改變。

在成為靈性學子之後，我清楚的了解到，世上所有的光鮮亮麗，後面一定要有影子才自然；多了很多責任，也多了很多因責任才有的福份，是不是對等，是不是划算，我不知道怎麼算，也不想去算，更沒必要去算，只要回頭看到那一天的我，再看看鏡子，好像就會知道答案。

沒有神就沒有能平穩過日子的我。

沒有神就沒有能安心睡覺的我。

沒有神就沒有能生存不虞匱乏的我。

沒有神就沒有能如此看的開的我。

沒有神就沒有能與各位說話的我。

神給了我面對明天的勇氣。

有了神才能有我。

你不知道神要怎麼幫你，你只知道你現在遇到的麻煩，那你還要信他嗎？

現在，我知道答案。

謝謝神

謝謝羅奇

謝謝我的朋友們。

靈性學子 桂美

早期因家境的關係，從事教職的父親也經營電器行，母親照顧店面之餘亦從事外銷毛衣的花樣縫製、聖誕燈泡串聯……等之家庭手工以補貼家計，因此還在國小階段的我即開始幫忙。求學階段得遇良師予以不斷的啟發、鼓勵，在國中畢業後，參加師專聯考，如願以償考上新竹師專美勞科，接受五年之薰陶、學習，畢業後，隨即擔任教職，從事教育工作。

回首來時路，點滴在心頭，會認識羅奇是在遭逢變故，被自家人倒會，經濟陷入困境，生活不安定、落魄、悽涼、自我封閉、精神狀況很差、長期失眠、厭食且已離婚猶如遊魂生活般的極差狀況下。當時，女兒的好友認為有這麼一個命理師對我也許有助益，因而與羅奇結緣。

二〇〇六年的4月，心中堆疊著大大小小的問號去見羅奇，初次見面，卻有股莫名的熟稔，眼淚如潰堤般的洪水，一發不可收拾。羅奇說，給他三個月的時間讓我對生活的改善有初步的體驗。於是，抱著姑且一試的想法，在這三個月中，靜心唸書考上了研究所，二〇〇九年7月順利取得了碩士學位。賣了一小塊地，減輕生活上的負擔、心理焦慮及許多瑣事所帶來的壓力。隔年讓無殼的蝸牛有了殼，小小卻無比溫馨的溫暖小窩。慢慢的，原本失序的生活有了規律，精神狀況改善了，各方面都得到了許多的紓解。

因為有著羅奇亦師亦友般不斷的叮嚀、關懷與耳提面命，於是，漸漸的跟隨著羅奇的腳步，從工作室、緣真會館到現在的緣真寺；從逃避問題到勇於面對並解決，家人平安健康，生活逐漸安定，更重要的是走出陰霾，焠鍊成長，心靈更加富足。

面向陽光，陰影就在身後；心轉了，這個世界就美多了。這幾年成為靈性學子後，開始研讀經典、接受真理的教化，而在研讀的過程裡獲益良多，尤其是針對自己的問題，不但思緒清楚多了，更加知道自己的問題的癥結之外，讓我如獲至寶般益加清楚如何與眾生分享。而「在別人的眼裡停留太久會迷失自己；在別人的心裡逗留太久會忘卻自己」這句真理，更讓我明白太注意著別人看我們的眼光，很容易迷失了方向。過度在乎在別人心中的分量，會忘了自己的存在。每個人都是具有思想的獨立個體，但往往因為太在乎別人的看法與份量而忘了自我存在的價值與位置。這樣的結果會因為對方而活，沒了自我的肯定，忽略存在的價值及原有的本分，過與不及皆不妥當，只有適切的在意才能保有原來的位置，做出恰當的行為與明智的決定。

如今的我生活安定，孩子也穩定的過日子，父母健在，平安是福，知足即富，該求的是擁有一顆自在的心，過簡單又安定的生活，行有餘力去幫助仍在受苦的眾生。

神是我們的好朋友，與神做朋友不會被欺騙，就會得到所需要的幫助。

每每在我困惑遇到難關時，神就會透過不同的方式與訊息適時的幫助我，讓我明白：「慾望將使你破產，失去知足的富裕。」的真理，而苦難其實是人生的課題，更是神所給予的福氣。心情的起伏波動全因沉溺於物質慾望中，如果能抽離，那麼心將會是安定、寧靜與祥和，進而到達把慾望淨化、昇華的境界。

真理更如影隨形的點醒著我，要理智而不衝動。身為靈性學子更要相信而不懷疑的為神奉愛，也許看起來平凡、渺小、品質不高，卻都是值得被稱讚的，因為神所在意的是那顆純粹奉獻服務的心。

「謙受益、滿招損」，身為靈性學子應謙卑、和順，向他人致以所有敬意，尤其是長輩或上級。遇到逆境及阻礙更應處之泰然，一心做好份內事，不會因為碰到棘手的處境而不高興，瞭解神可以製造困境與移除困境並且將它當做祝福。經典與真理的啟示很多，而有幸能接觸神更是莫大的福氣，滿足並讓內心平靜，脫離物質世界的享樂，用純粹、淨化的心跟著神，是我努力的方向。

如今，因為我的堅持，週遭的親朋好友看著這些年來漸入佳境的轉變，不但替我感到歡欣，更支持著我。學習不怕慢，助人不嫌遲，「自喜付出甘願受，冥冥之中結成果」、「相信神的人，會相信神所帶來的一切美好」，願盡一己之力，秉持正確的信仰，讓更多的人能受到神的恩祐。

靈性學子 淇維

接觸這裡是一個偶然的機會，印象中是在二〇〇六年底的時候，而那個時候也是我人生最低潮的時候。從小我就過的很平順，沒有什麼煩惱，原本以為就這樣平順過一生。不料，卻讓我遇到傳說中的「詐騙集團」，平時自認聰明的我，被他們騙的團團轉，在接近一年的時間裡，讓我身心俱疲，也讓我的家庭變了樣，房子不再是我們的了，阿公留下來的田也不再是我們的，而我們家也只能選擇逃離那個從小生活的地方。那時候的我，就像一個戰敗的公雞，終日愁眉苦臉，也不再有以往的笑容，我也曾滿懷恨意希望那些騙我的人會沒有好下場。就在這個時候，我的同事兼好朋友察覺到我的改變，經過幾次懇談之後，他清楚了我的狀況，那時候我覺得終於有人了解我的「苦」。過了幾天，他就很興奮的告訴我，走！帶你去見一個人，他會對你有所幫助的。於是我們就約在新竹的某個咖啡廳，就這樣，我認識了羅奇。

剛接觸羅奇的時候，外表覺得有點讓人敬畏，那時候覺得大師應該就是深不可測地吧，後來隨著諮詢次數慢慢的增加，也越來越佩服起他來。羅奇，他就像我另一個好朋友，也是我生命中的貴人。因為有他不斷的鼓勵，才有今天的我。他告訴我要勇於面對自己的債務，不能逃避，同時也要做好還款計畫，然後按部就班的去做，不要心急，事請一定可以解決，於是我就傻傻的聽著羅奇的話去做，也許是傻人有傻福吧，慢慢的情況開始便好轉，一些不如意不開心的事情開始變少，而我在公司也有所改變，重新贏得其他同事們的諒解與信任，慢慢的從工程師爬上了課長、副理，到現在的經理，因此我覺得我很幸運，可以認識這裡。

就在二〇〇八年底，有幸參與了這裡所舉辦的年度茶會，在這期間讓我知道這裡的由來，也看到許許多多同樣都是受到神的幫助的人現身說法，更增加了我的信念。

記的我第一眼看到神的雕像時，就感覺到祂很慈悲，每次來到這裡完全感覺不到一點壓力，完全不同於一般的宗教。相反的，讓我更喜歡來這裡，因為每次都有意外的收穫。

慢慢的，由於自我本身有所改變，所以也讓我興起了一個念頭，『如果連我都可以變好，那別人也一定可以變好』因此我就立志要幫助那些無助的人可以得到救贖。當我成為靈性學子後，開始跟著羅奇學習如何正確的幫助別人，也更深一層的認識了這裡。開始研讀的經典後，這當中清楚地告訴了我，不應該受外在物質慾望迷惑，因為外在物質是短暫的，經過時間的洗禮總是會逝去，然而在追逐名利的過程中，往往會陷入錯覺能量的陷阱而不自知，週而復始無窮無盡，淹沒在時間的巨流之中。所以說，唯有依靠靈性的成長，才可以幫助我們脫離這痛苦的深淵。

在這裡有許多真理，讓我獲益良多，而我最有印象的一句話是：「打開心中的一道門，封閉了舊有的往事，莫提路載遠，知心開路來。」就是讓我感觸很深。當你打開心中那一道禁錮的心門，徹底忘記以前那些所有的不愉快、令人傷心的往事，丟掉以前的那些包袱，你才會再度擁有全新的人生，未來也才會再度發光。有一些人往往容易沉溺在過去的事情上，想著以前多麼好，或是多麼的不好，殊不知過去對我們來說，只是一個經驗的累積，過去的成功不代表永遠都會成功，過去的失敗也不代表永遠會失敗，我們應該打開心中哪一道阻礙我們前進的門，唯有往前踏出一步，才有機會可以獲得豐厚的果實。

這裡對我來說已經是生活上不可或缺的地方，因為在這裡可以接觸到真理的開示與羅奇的細心教導，還有一起扶持成長的靈性學子們，讓我覺得很滿足。每當我有問題的時候，在這裡一定可以找到解答，心情低落的時候，在這裡也一定可以得到鼓勵，所以我覺得我是最幸運，也是最富有的人。身為靈性學子的我，期許能夠透過個人與大家的努力能夠讓更多人可以認識這裡，也讓更多人都能成我像我一樣成為「幸運又富有的人」。

靈性學子 景珊

自小時候開始，不知道為什麼總與周遭很疏離，不論是在學校以及家裡都如此，一般同學的課後活動是與家裡或和同學一起出遊，而我總是在課後的時間，靜靜的待在家裡翻著書，和家裡飼養的寵物玩。

由於，母親有著重男輕女的觀念，自然而然的，我和父親較親近，總想著只要父親在，我的生活就有一片天，就有一個人可以在這世界上讓我依靠著。偶爾，看著父親工作的背影，想到他遠從馬來西亞來到台灣，在台灣沒有任何的親戚；在夜晚母親不在時，訴說他在故鄉的往事，以及他在台灣生活的苦悶時，總暗自告訴自己有一天，要陪著他一起回他的故鄉—馬來西亞。

大學時期的某一年，父親從醫院檢查回來，發現罹患了淋巴腺癌。到現在記憶都還很深刻，那一年的我不再出現笑容，開始害怕唯一能保護我的人將不在我身邊，這樣的不安全感一直存在，甚至越來越擴大，到了二〇〇三年十月父親去世後，害怕與母親獨處在家，當時的另一半也無法體會我失去父親的感受，總是不願意看到我因為父親的離去而哭泣。

因為對於未來的生活感到徬徨，便向朋友尋求「羅奇」的聯絡方式，希望能在當時的生活找出方向。第一次的接觸，直到現在都還讓我印象深刻，從未見過羅奇的我，對他的感覺很熟悉，彷彿在哪裡相識。這樣奇異的熟悉感，是前所未有的。第一次的談話，他告訴我一切都不需要擔心，事情都會漸漸處理掉，包含感情。那時的我，就照著他所說的做，先吃素三天，然後點香三天。

又過了一個月，和「羅奇」相約，他告訴我不管如何一定要供奉守護神。剛開始對於守護神很疑惑，而且認為「供奉」很麻煩，加上每個月都必須排約諮詢，也不知道要跟「羅奇」還有「守護神」聊什麼或是談甚麼事。每個月的排約，總在猶豫要不要去之間渡過。這樣的狀況大約持續了將近半年後，好友突然告訴我，你有發現你開始能夠真心的笑出來嗎？我才驚覺到，原來守護神幫助了我。

從那時開始，父親的離開不再是我心頭上的梗；和母親的感情也漸漸轉好，不再如以前相處時，總是爭吵不斷；感情上，我學會了「如何愛別人」也體會到談戀愛的美好。最大的改變，則是我的心能夠安然自在。這種種的轉變及成長，

是當年的我無法想像得到的。同時，也讓我周遭的朋友及家人感到好奇，是甚麼樣的力量能夠讓我改變。

二〇〇五年時，和當時的男友分手。我，不斷的責怪自己怨恨自己，這讓我又陷入了泥沼。羅奇這時寫了一段真理給我，「每天都有人生病，每一秒都有人康復，如果死亡是註定的，那我必須趕在所有人快樂之前，比他更快樂，因為只有這樣我才沒有白活。」短短的一段話，讓我心中鬱悶的情緒好似有了出口，心眼也打開了，不再一直鑽牛角尖。這段話讓我明白，不管遇到任何的困難及痛苦，都應該勇敢的面對他，跨越人生的低潮，才能迎向陽光。事件發生的當下，如果是不願意看到的結果，往往歸咎於他人，忽略了自身所種的因。在怪罪他人的同時，也漸漸將自己的心鎖在悔恨以及埋怨之中，這是自身給予自己的無形枷鎖。面對了自己的問題以及該改善的地方，在這樣的過程中，也許很難受很沮喪，但有一天發現自己又更成長了，突破了自己時，卻是比甚麼都要開心的事。

這也就是真理的奧妙。「真理」總是會隨著心境的不同，所得到的領悟也隨之不同，甚至在生活上遇到一些狀況時，「真理」總是不由自主的從腦袋裡跳出來，對應到當時的情況，更因此讓自己對於其中的道裡，又更加了解。

二〇〇七年時，當我第一次見到神的雕像時，彷彿有一顆震撼彈投進我的心裡，當時心中的感動怎麼樣用文字、言語也描述不出來。在往後的日子裡，當我遇到挫折時，總會不由自主的望著神的掛像，祂總讓我在挫折時，感到一股暖意，祂總讓我在孤單時，讓我感到被支持，我壓抑的情緒以及難過也就漸漸的釋放了。「相信可以產生最大的力量。」這是羅奇時時教導我們的一句話。因為這句話，讓我每次遇到挫折時，都會拿起信物，閉眼虔誠的禱告。也總能適時的逢凶化吉。從遇到的事件中，讓自己獲得成長，這是神的教導，也是神的恩澤，神總是會指引著我們往正確的方向前進。時時感恩神的庇祐，更讓我懂得知足，懂得活在當下。

將心靜下來去閱讀經典時，可以在其中發現當下所遇到問題的解答，以及該怎麼樣調整自己的心態。經典裡提到，「只要人願意為神做奉愛服務，即使他們偶爾犯錯都還是受到神的保護。長期作惡的人，只要肯吟誦、吟唱神的聖名，都可以得到神的救贖，不必再次在物質世界裡投生。物質世界裡充滿危險，但是，奉獻者只要全心全意作奉愛服務，就可以安心的在神的保護下」這更讓我感受到神的慈悲以及寬大，只要你信仰祂，即使是再惡的人，都能夠得到神的救贖。能夠擔當靈性學子的我，奉獻自己的微薄力量，又是何其的幸運！

走到現在，不僅是一位信仰的眾生也更學習貢獻自己的力量，幫助其他人。在這過程中，有放棄、有難過、有挫折，當然也有快樂以及感動的時候。讓自己「堅持」下去的力量到底是什麼，我無法確切的回答。但是，總在痛苦的時候，想起以前遭遇困難時，一篇篇的真理溫暖了我每次想封閉的心。總在失意的時候，想起羅奇希望大家都能夠克服自己難關的眼神。

信仰，就是這樣蘊藏在生活中。在你需要力量支持時，意外的浮現在你的腦海裡。在你失去重要的家人時，讓你深信還有個地方能夠保護你，讓你的心能夠安然。

靈性學子 肇緹

我是一個在眷村長大的孩子，父親是軍人，家中有4個孩子，我是老大，父親最疼愛的一個孩子，父親只是一個兵，靠著奶奶及父母簡樸努力的過日子，生活還算小康，母親從小出生於佛教家庭，父親因看太多鄰居用乩童、神棍禮佛怕被騙錢所以不太接觸，奶奶則是基督教徒，而我只是跟著母親拿香拜拜，家裡會接觸宗教是因為有一回鄰居說爺爺的亡靈從大陸來尋子孫供奉，而供奉祖先必須請神入廳，於是父親請了「關老爺」回家供奉，這也開啟了我們家有拜拜之因，而我愛旅行在因緣際會下遇到了一個資深導遊，他本身是學比較宗教的，當時我並無特別宗教信仰，旅遊所到之處都會跟宗教有關，粗淺知道很多宗教的知識，又因為基於尊敬之故所以養成了見神就跪，見廟就拜得習慣。

一生至目前為止還算順遂，當初因為年紀到了想找一份安定的感情與工作，很幸運的，當時的同事是靈性學子，帶我去了緣真會館接觸了羅奇老師，一進門就給我很詳和得感覺，讓我的心得以平靜與快樂，所以我藉由戴玉、點香、吃早齋來改運，相信神的慈悲一定會眷顧我善良的心。因此也確立了我對神的信念、景仰與愛戴。

凡是從簡起，正本清源，回歸正途找自己，心定了，一切好事都會跟著來，也會來得更踏實。成為靈性學子後開始閱讀經點，讓我對神的奉愛真意與宗教淵源多了一層認識，而初讀經典時，因智慧不足，讀起來還不能參悟甚深，每一次的聚會，靈性學子間會互相分享心得與討論，幫助我讀經典更順利，漸漸有所參悟，對我心靈、智慧成長與生活面有很大的幫助，讓我生活更有意義得到更真實的開心與快樂，常常藉由讀書心得去幫助人，分享真理給周遭友人一同閱讀，讓真理淨化更多眾生心靈，分享更多的知足與開心。

經典中讓我印象最深刻的話：「人因為得到了物質世界的財富而變得驕傲，而做出自我毀滅的事情來。」物質世界只是一個虛幻假象，我們常常因此假象而蒙蔽親眼見之事實，或是因得到物質財富而因此自滿驕傲，忌妒心更強，進而做出自我毀滅及泯滅良知的事情，因此而失去真正靈性之美。接觸這裡後我最大的轉變是心境，本來就淡薄金錢與名利的我，生活總是覺得過得去就好，常常嚴以律己，嚴以待人，讓自己與他人的相處及成長空間變小，甚或不敢前進，但現在全然改變，讓我過得更充實更開心。

平日閱讀真理時讓我有切身之感的一篇是：

每一件事情的發生，都是一種學習。

如果，不真心看待，那麼美好也會錯過；

如果，不真誠以對，那麼好事難成緣。

每件事情的發生都是一種經驗與學習，記取教訓，真心看待每一件事，不要被物質世界所迷惑，真誠對待，那麼一切好事都會跟著來。反之若不真心看待真誠以對，那麼再好事是情會錯過，就算是良緣也會變陌路。

一路走來至目前為止雖沒太大波折但也常常因為自己火爆個性在工作上吃了不少悶虧，因為自己的善良，相信人性本善與執著因而受騙，接觸這裡後，常常聆聽真理，讓我遇事時思考變的理性而有頭緒，脾氣與語氣也變得和緩，自己也因此因為得蔭於神，進而有機會可以將神的福慧引介給需要幫助的眾生，讓眾生和我一樣可以得到神的庇佑與幫助。

接觸這裡後，一路走來，自己因經典、真理及羅奇的開悟下，看到自己人生路漸行漸順，在神的庇佑下家人都健康平安，很開心在此獲得靈性的成長與真正得快樂，「富裕的生活，是擁有富足之心者取得」，這是我現在的心境，也是我喜歡這裡，每每至此常常讓我流連忘返之處。

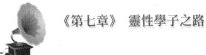

國家圖書館出版品預行編目資料

聽見靈性的聲音 / 羅奇著 --初版--
臺北市：博客思出版事業網：2012.6

ISBN：978-986-6589-73-7（平裝）
1.民間信仰 2.靈修
271.9 101011432

聽見靈性的聲音

作　　者：羅奇
編　　輯：張加君
美　　編：林育雯
封面設計：林育雯
出 版 者：博客思出版事業網
發　　行：博客思出版事業網
地　　址：台北市中正區重慶南路1段121號8樓之14
電　　話：(02)2331-1675或(02)2331-1691
傳　　真：(02)2382-6225
E—MAIL：books5w@yahoo.com.tw或books5w@gmail.com
網路書店：http://store.pchome.com.tw/yesbooks/
http://www.5w.com.tw、華文網路書店、三民書局
總 經 銷：成信文化事業股份有限公司
劃撥戶名：蘭臺出版社　帳號：18995335
網路書店：博客來網路書店 http://www.books.com.tw
香港代理：香港聯合零售有限公司
地　　址：香港新界大蒲汀麗路36號中華商務印刷大樓
C&C Building, 36,Ting, Lai, Road, Tai,Po, New,Territories
電　　話：(852)2150-2100　傳真：(852)2356-0735
出版日期：2012年6月 初版
定　　價：新臺幣280元整（平裝）
ISBN：978-986-6589-73-7